山手線 30駅

降りて、
見て、
歩いて、
調べた

鼠入昌史

イカロス出版

降りて、見て、歩いて、調べた 山手線30駅

CONTENTS

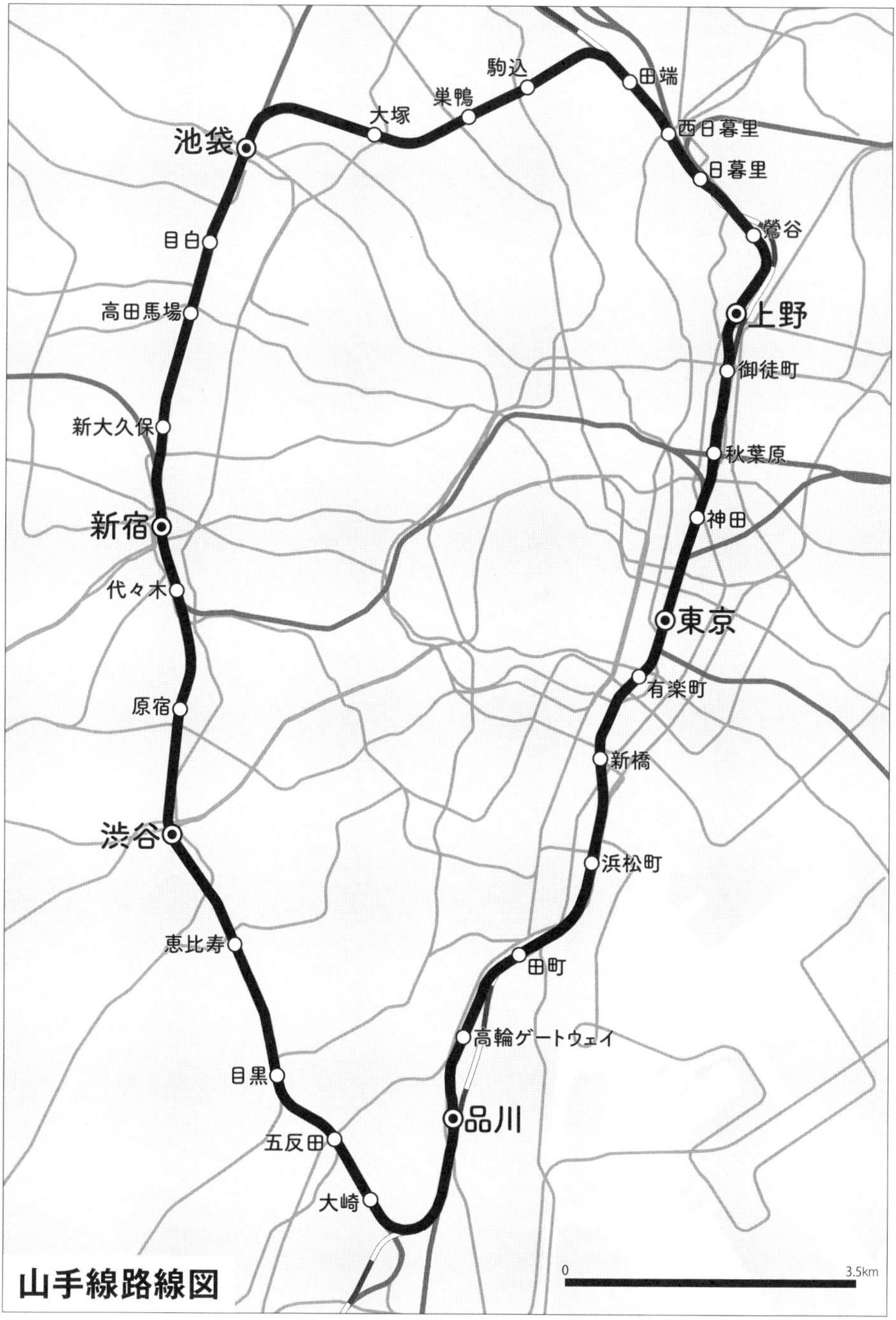
池袋
大塚
巣鴨
駒込
田端
西日暮里
日暮里
鶯谷
上野
御徒町
秋葉原
神田
東京
有楽町
新橋
浜松町
田町
高輪ゲートウェイ
品川
大崎
五反田
目黒
恵比寿
渋谷
原宿
代々木
新宿
新大久保
高田馬場
目白
0
3.5km

山手線路線図

はじめに

かの宮脇俊三も書いていたが、山手線に乗りたくて乗る人はほとんどいない。だいたい山手線に限らず、都市部の通勤路線というのは車窓を楽しんだり駅弁に舌鼓を打ったり、そうやって楽しみに乗るようなものではない。毎日仕事や学校に行かねばならないので、やむなく乗っているのだ。それも壮絶な満員電車に、である。だから山手線に乗りたくて乗る人はいない。山手線の旅、などというテーマはそもそもが馬鹿げているのである。

と、かように思い込んでいたのだが、必ずしもそうとは限らないようだ。地方出身の友人に聞いてみたところ、「はじめて山手線に乗るときはだいぶワクワクした」らしい。

「だって、山手線って東京の象徴みたいなイメージでしょ。そう考えたら、東京に出てきてはじめて山手線に乗るのが楽しみで」

なるほど、たしかに山手線は東京の鉄道を象徴するようなそういう路線である。

11両もの長大な編成が1時間かけて東京の中心部をぐるり一周。東京駅や新宿駅、渋谷に上野に池袋と、東京を代表する町も山手線でめぐることができる。あいにく東京タワーやスカイツリー、新国立競技場のような名所には山手線だけではたどり着けないのだが、それでも山手線は東京を〝見る〟にはうってつけの路線であることは間違いない。

また、他の地域からやってきたときには必ず山手線のどこかの駅が東京の玄関口になる、という点も見逃せない。新幹線は東京駅や品川駅、上野駅にやってくるし、西から東京を目指す中央線の特急でも新宿駅に着く。飛行機でも羽田空港ならば京急に乗って品川駅、ないしはモノレールに乗って浜松町駅である（バスに乗ればどこにだって直行できるが、それはこの際横に置かせていただく）。

このように、山手線は東京のどこに行くにもなくてはならない路線であって、だからこそ〝東京らしい〟鉄道路線なのである。件の友人が「最初はワクワクした」というのもうなずける。

ところが、ついでにもうひとつ、今もワクワクするかどうかを聞いてみた。すると、「むしろイライラする」としかめっ面である。

「だってね、いつ乗っても混んでるでしょ。まあすぐに降りるから座りたいとは思わないけど、変なやつが乗っていることも多いし、人身事故とかで止まることもある。それに、最近は乗る機会も少なくなった。山手線の駅に用事があるってことは意外と少ないし、私鉄とか地下鉄も乗り入れている駅がほとんどだからそっちでことが足りるからね」

はじめて乗ったときには心躍ったはずの山手線も、慣れ親しんでしまえばむしろストレスの対象になってしまうのだ。混んでいるし乗って座ったとしてもどのみち10分程度で降りることになるし、人身事故で止まることも、まあ少なくはない。それに後段の「乗る機会が少なくなった」というのもよくわかる。

筆者は東京の西側に住んでいて普段は中央線や京王線を利用している。山手線のターミナルでは新宿駅を利用する機会が多い。ところが、その新宿駅には山手線では行かないのである。乗り換えると言っても埼京線だったり地下鉄だったりがその相手で、山手線を使うことは以外に少ない。だから新宿駅は筆者にしてみると山手線の駅、というよりは中央線の駅である。

山手線の29駅（開業を控える高輪ゲートウェイ駅を含めれば30駅）のうち、他路線との乗り換えることができない駅は新大久保と目白駅のわずか2つだけ。その点から言えば、山手線の各駅は「山手線の駅」というよりはむしろ「複数路線が乗り入れるターミナル」がその本領なのであろう。実際、筆者のように山手線が乗り入れている駅を利用する機会はあっても特に山手線を意識することもなければ乗ることもない、というような人は少なくないのではないか。

こうして見ると、山手線は東京を象徴するシンボリックな路線であると同時に、実際に中に入ってみると特に日常的に意識することもない、そんな存在なのだろう。

だいたい、高輪ゲートウェイ駅について「山手線の新駅」などと紹介しているが、細かいことを言えば山手線だけでなく京浜東北線も停まるわけで、正式な所属路線は東海道本線である。ところが「東海道本線の新駅」「京浜東北線の新駅」とは誰も言わない。そこにあるのは、「東京を象徴する鉄道路線」としての山手線なのである。

結局、シンボルでありつつ日常的に意識することもない、そうした微妙な存在でありながらも、やはり山手線に乗ってワクワクすることはない。件の友人とて、ワクワクしたのは1回こっきり、はじめて乗ったときだけだという。だいたいがそういうものだろう。

ただ、せっかく令和2年（2020年）の春に新駅が誕生するのだ。ならば、あえて山手線がどんな路線で、どんな駅を結んでいるのか、旅をしながら眺めてみるのもいいのではないかと思う。ふだん、車窓や駅舎・駅前の光景を意識して眺めるようなことはほとんどない。だからこそ、あえての山手線各駅の旅である。

では、スタートをどこにするのか。これは実はなかなか悩ましい問題である。なにしろ山手線はぐるりと1周しているから、どの駅からスタートしてもすべての駅を巡って最後にはふたたびスタート地点に戻ってくる。つまり旅の起点となる駅をどこにするかはせいぜい本書の構成に関わる程度の問題でしかないのである。だからこそかえって難しい。

それでも旅を始めるにはでスタートを決めねばならぬ。そこで選んだのが、品川駅である。

品川駅がスタート駅ときいて、鉄道に詳しい向きならばピンとくるかもしれない。「山手線」といった場合、ほとんどが東京の都心をぐるりと一周する緑の電車を思い浮かべる。正確な路線名（線路名称という）では、山手線は品川～新宿～田端間。残る田端～東京～品川間はどこにいったのか。東京から品川までは東海道本線、東京から田端までは東北本線が正しい〝線路名称〟なのだ。一般に山手線として認識されている環状運転の路線は、あくまでも運転系統の名称にすぎない。つまり、こうした理屈からいえば山手線の旅を品川駅からはじめるのは実に理にかなっているということになる。

ただ、実際のところはこういう話は屁理屈のたぐいであって、いまどき誰も正式な山手線の区間など意識していない。本書で品川駅をスタートに決めたのもたいした理由はなくて、一周回ってくればスタートに戻るひとつ手前でまだ見ぬ新駅の高輪ゲートウェイ駅があって、なんとなく収まりがいいからである。

ちなみに、現在の山手線の駅でいちばん早く開業したのは品川駅だ。明治5年（1872年）6月12日、わが国の鉄道は品川～横浜（現・桜木町）間で仮開業を果たした。そんな山手線最古の駅から旅をはじめて、最も新しい高輪ゲートウェイ駅でその旅を終えるというのも座りがいい。

そういうわけで、品川駅から旅のはじまりである。

第1章

城南五山の麓を駆ける——

品川〜恵比寿

SGW JY 25

品川

劇的な変化のはじまりは、山手線の開業から

高輪口は古くからある品川駅の正面だ

我が国のすべての鉄道駅の中で最も変わった駅

品川駅は山手線の中でも、というよりはわが国のすべての鉄道駅の中でも最も劇的な変化を遂げた駅といっていい。それは端的に利用者の数に現れている。平成13年度（2001年度）のJR東日本の1日平均乗車人員は25万7361人だった。それが平成30年度（2018年度）にはなんと38万3442人にまで増えた。12万人以上の増加である。首都圏の駅はたいてい利用者が増えているが、品川駅の激増ぶりは十指に入る。

これは平成15年（2003年）の東海道新幹線品川駅開業にともなって駅の周囲が大発展したことが大きな理由だろう。JR東日本ほど劇的ではないが、京浜急行の品川駅も利用者を順調に増やしている。

明治5年（1872年）、開業した頃の品川駅は海っぺりの駅だった。このところ、海が見える駅がインスタ映えするとかで人気のようだが、それこそ品川駅だ

品川駅の拡張は海を埋め立てて（『百年史』より）

開業した頃は海沿いの駅（『百年史』より）

ってかつては海が見える駅だった。『鉄道唱歌』にも「窓より近く品川の　臺場も見えて波白く　海のあなたにうすがすむ　山は上總か房州か」と歌われているくらいだ。

駅舎はもちろん山側、いまでいう高輪口しかなく、プリンスホテルのあたりは毛利氏の邸宅があった。それがだんだんと埋め立てられて東側に陸地が広がってはじめは鉄道の操車場として用いられた。埋立地がますます広がるとさまざまな用途を与えられるようになるが、埋め立ての最初の目的は鉄道であった。

平成に入ってから多くの鉄道用地は姿を消して、港南口の立派な駅ビル（品川インターシティやらそのあたりである）に化けている。そうなってからは海が見える駅などとはとうてい呼べず、どちらかというと東京の南の玄関口という位置づけのほうが正しいだろう。新幹線がやってくるし、横浜方面に向かうＪＲ線も京急線も品川が分かれ目である。そうして品川はビッグターミナルへと移り変わっていった。

その変貌の最初のきっかけは、やはり山手線であろう。

品川駅開業は明治5年、わが国の鉄道開業と時を同じくしているが、山手線が通ったのはそれから11年後、明治16年（1883）年のことである。私鉄（といっても岩倉具視らが中心となって設立された半官半民のような会社であったが）の日本鉄道が、品川線として品川から渋谷・新宿を経て赤羽駅までを結ぶ。品川駅はすでに開通していた新橋〜横浜間の官設鉄道との乗換えターミナルになったのだ。

現在の品川駅港南口。海がオフィス街に生まれ変わった

コンコースの中には「エキュート品川」

当時の品川線は今のようにたくさんのお客が乗り込む通勤路線などではまったくなく、むしろ北関東からの貨物輸送が最大の目的であった。特産の生糸を積み込んでやってきて、品川からは官設鉄道（東海道本線である）に乗り入れて、国際港の横浜へ。当初の旅客列車は1日にわずか3往復しか走っていなかったという。

山手線開通！などというと華々しい印象を抱くが、旅客輸送としての山手線のはじまりはしがないものであったのだ。ただそれでも、他路線と乗り換えられるターミナルを結ぶことが山手線の本質だとするならば、そのはじまりは品川駅であったことは間違いない。そしてこの〝山手線開業〟が、品川駅発展の第一歩となったのである。

乗り換え路線が輻輳しているターミナルは得てして複雑でややこしい作りになっているものだ。駅の拡大は最初からの計画通りであるはずもなく、悪い言葉を使えばいきあたりばったりのフシがある。それで〝ダンジョン〟などと揶揄されるような複雑な迷宮駅ができあがる。

ところが、品川駅は案外そういうところがない。開業当初からの正面である高輪口の傍らには京急線の改札やホームがあり、その横の階段を登っていくと幅の広い自由通路が待ち受ける。その通路をまっすぐ進んでいけば、まずＪＲ東日本（つまり在来線）の改札口。さらに進むと新幹線の改札口があり、そのまま先に抜ければ港南口の駅前広場にたどりつく。品川駅の構造はこれだけで説明がついてしまう、ずいぶんとシンプルなのだ。

品川駅がシンプルなのは、ひとえに地下鉄が乗り入れていないことに尽きるだろう。新幹線と在来線、そして京急線が東から西に向かってきれいに並んでいるだけだから、いくら利用者が多くても簡単な構造で充分なのだ。

いくらかややこしいところがあるとすれば、改札内のコンコースだろうか。ずらりと自動改札が並んだ在来線の中央改札を入るとホームに降りる階段が並ぶ。山手線のホームはＪＲの在来線ではいちばん西側の１・２番のりば。ちょうど山手線ホームからコンコースへの階段を登ったところに京急線との連絡改札口がある。つまりこの場所で京急と新幹線を含んだＪＲへの乗り換え客が錯綜するのだ。

新幹線だけでなく品川駅には京急線経由で羽田空港に向かうお客も多いから、キャリーケースを引きずっている人も多い。そういう人たちが同じ方向へ歩いていくならばいいのだが、ここでは垂直に交わってしまう。キャリーケースに足をぶつけてよろめく人もいて、ずいぶん危なっかしいと思うのだが、この動線はなんとかならないものだろうか。

改札口の中にはもうひとつ品川駅〝らしい〟ものがある。エキュート品川、つまり駅ナカの商業施設だ。この駅ナカ、実にうまく作られていて、食べたり飲んだりできるような店が在来線のコンコース内に広がっていて、そこから新幹線への連絡改札に向けて歩いていくと弁当や総菜を扱っている店が集まっているのだ。まるで「新幹線に乗り換えるならここで食べ物を仕込んでくださいね」と訴えかけているように。

たしかにお客の立場にとってはこれほど便利で楽しいことはない。ちょうど乗り換えのときに空腹だったら、惣菜や弁当をついつい買いすぎてしまいそうである。新幹線の乗り遅れにも注意したいものだ。まあこれを便利と見るのはお客の立場からのことで、駅ナカサイドからすればそうして惣菜を買い込むことはまさに思うツボなのであろう。

品川駅のコンコース、京急線と山手線の交錯は危なっかしいが、立派な駅ナカは実に便利なのである。

品川駅の南の「北品川駅」に京急の矜持をみる

さて、品川駅といえば山手線はもちろんだが京急線の存在を忘れてはならない。山手線が東京都心と郊外を分ける結界のようなものだと位置づければ、郊外に向かって走る私鉄路線こそ山手線を語る上で欠かせない存在ということになる。品川駅で言えば、それが京急である。すでに述べたとおり、京急線とＪＲ線の乗り換えはコンコース内の連絡改札を使うことができる。ＪＲ側から京急への連絡改札を通ると、京急蒲田方面の電車がやってくるのりばへ。羽田空港に向かうなら、これまた実に便利な構造になっている。

ここでほんの少しだけ京急線の歴史を振り返っておこう。

北品川駅近くの旧品川宿の町並み

京急線のはじまりは川崎大師への参詣客輸送で、明治32年（1899年）に川崎～大師（駅名はいずれも当時のもの）間で開業した。これは今の大師線である。本線としては明治34年（1901年）大森～川崎間で開業したのがはじまり（このうち大森～大森海岸間は後に廃止）で、明治37年（1904年）には品川駅まで延伸している。品川駅と言っても今の品川駅ではなくて、北品川駅付近にあった。大正14年（1925年）に現在の品川駅よりやや西に高輪駅を設けて都心乗り入れを果たし、品川駅は北品川駅に改称している。国鉄の品川駅への乗り入れは昭和8年（1933年）のことだ。

こう説明するといささか混乱してくるが、簡単にまとめれば現在の北品川駅付近に品川駅を称する駅があり、そこが京急のターミナルだった一時期があるということ。品川駅がふたつあったり、さらにそれからも品川駅の南に北品川駅があったりして、もうややこしいことこの上ないのである。

いったいどうしてこういうややこしい事態になったのか。それはつまるところ、現在の品川駅がまったくもって名が体を表していないからだ。

ほんらい、品川という地名は東海道で最初の宿場町であった品川宿を指す。そしてその品川宿は現在の北品川駅に近い。今でも宿場町の面影を残す街路が駅の近くにあり、ちょっとした観光地のようになっている。だから京急が都心へと乗り入れを果たすにあたってこの地に駅を設けて「品川駅」を名乗ったのはむしろ正統。既存の品川駅の方こそ、品川にないのに品川を名乗るという不埒な存在であった。

ただ、国鉄の品川駅にも同情の余地はある。だいたい駅名は近隣のメジャーな地名をいただくのがわかりやすい。品川駅が最初に開業した頃には鉄道の駅など他になかったのだから、近隣の宿場町の名をいただいても誰も文句はないだろう。そもそも品川駅から品川宿まで徒歩でもせいぜい20分。鉄道もクルマもない時代はその程度の距離をもって離れていると感じることはなかっただろうから問題ない。

ところが鉄道の時代が本格的にやってくると、「なんだか品川駅というけどあそこは品川じゃねえよなあ」となる。確かにむしろ高輪とかそのあたりが正しい。そしてそこに勇躍京急がやってきて品川宿の北に駅を購え、堂々と「品川」を名乗ったのである。少ししてから駅名を北品川に改めているが、これとて国が開いた品川駅の南にあるにも拘らず〝品川宿の北にある〟ということでこれまた国鉄に微塵も媚びず遠慮のない、堂々としたものである。この京急の堂々たるふるまいが、品川駅の南に北品川、などという事態を招いたのだ。

むろん、だからといって京急を責めたりJRに（というよりはむしろ国であろう）に「駅名に偽りあり」と文句を言うのも筋が違う。駅名というのは得てしてこういうものなのである。

しながわ

【所在地】 東京都港区高輪
【構造】 地上駅
【開業】 明治5年（1872年）6月12日
【接続路線】 東海道新幹線・東海道線・横須賀線・上野東京ライン・京浜東北線・京急本線
【山手線ホーム】 1番のりば（内回り）、2番のりば（外回り）
【1日平均乗車人員】 383,442人（山手線中4位）

車両基地を擁する山手線の〝終着駅〟

OSK
JY
24

大崎

改札を出ると広々とした連絡通路へ

武蔵野台地の突端の城南五山を避けて目黒川沿いへ

東京都心の南側、いわゆる「城南」と呼ばれるエリアには5つの山がある。山というほど大層なものでもなくて実際は武蔵野台地の突端にある高台なのだが、まあ山と呼ばれているからには山である。この5つの山は「城南五山」といい、八ツ山・御殿山・島津山・池田山・花房山。これらの山のすぐ南側の低地を流れているのが目黒川だ。

品川駅を出発した山手線は、この城南五山を避けるように目黒川沿いの低地を走る。明治18年（1885年）、品川線という名で開業した当時の山手線は北関東への連絡を目的としていた。品川線を建設した日本鉄道は明治16年（1883年）年に上野〜熊谷間を開業させている。だったら上野と品川（新橋）を結んでしまえば手っ取り早いのであろうが、その途上には江戸時代からの住宅密集地が控える。国家権力が強い時代であっても簡単に住まいを召し上げて鉄道を通すわけにもいかず、ひとけの少ない東京都心の西側を迂回することになった。

さらに東京都心は武蔵野台地の東の端、小さい川に削られた城南五山のような舌状台地がいくつもある起伏に富んだ町だ。そこでやむなく南をぐるっと迂回して、目黒川沿いの低地を選んで走ることになったのである。そうして品川線、つまり現在の山手線が切り開かれた。

そういう歴史を振り返ったところで、令和の山手線に戻ろう。

品川駅から城南五山のひとつである御殿山の東の端を貫くと東海道本線や京浜東北線と分かれて右にカーブ。横須賀線や東海道新幹線と並んで走りながらすぐに目黒川を渡り、すぐに北西に進路を変えて大崎駅に着く。そうして到着した大崎駅は、車両基地の駅である。

筆者はこのところ、仕事で通勤路線の終着駅をめぐる旅をする機会が多い。終着駅というのは文字通りの終端駅ではなくて、単に列車の〝終点駅〟を意味する。例えば東武スカイツリーラインで言うならば南栗橋駅などがそうだ。終着駅にはたいてい車両基地があって、車庫に帰っていくためにとりたてて名所旧跡などない町の駅を終点としている。車両基地には広大な敷地が必要だから、車両基地のある町に何もないのは別段不思議なことではない。

そしてそういう意味では大崎駅は山手線の終着駅ということになる。

大崎駅に近い車両基地は東京総合車両センターという。大正4年（1915年）に大井工場として開設され（正確には新橋駅構内にあった新橋工場からの移転である）、昭和42年（1967年）に車両基地も完成、昭和61年（1986年）には山手線の全車両が所属する東京を代表する車両基地となった。

山手線の電車たちは、朝にはここから出ていって日がな一日ぐるぐる回って働いて、夜に再びここに戻ってくる。つまり山手線の運行上の〝起点〟はこの車両基地とつながっている大崎駅ということになる。それは列車番号にも現れていて、山手線の列車番号は大崎駅が変わり目である。お客の立場では何ら変わるところもないのだが、大崎駅を境にその電車は〝別の列車〟に変わるのだ。

こうしたところは結局は列車を運行する側、つまりはJR東日本さんにとっての問題であって、利用者にはなんの関係もない。お客の立場で意識をする必要などまったくないのだが、まあ大崎駅が山手線にとっての〝終着駅〟であることは事実だ。そう思って山手線に乗れば、大崎駅を通るときに少しだけ背筋が伸びる気がするのだが、どうであろうか。

もうひとつ、大崎駅にまつわる〝鉄道〟っぽい話をすると、この駅は山手線に限らず運行上の重要拠点になっている。

今では大崎駅構内の扱いになっているが、目黒川信号場と蛇窪信号場という2つの信号場がある。

前者はちょうど山手線が目黒川を渡るあたりにあって、山手貨物線と横須賀線などが走る品鶴線が分岐する信号場。わかりやすいところでは新宿からやってくる成田エクスプレスはこの信号場で品鶴線経由で横須賀線に入り、東京駅を目指す。

後者の蛇窪信号場は品鶴線（横須賀線）と東急大井町線が交わるあたり。山手貨物線を走ってきた湘南新宿ラインはこの蛇窪信号場で品鶴線に合流する。令和元年（２０１９年）11月からは相模鉄道に直通する列車もここを走っている。

このように大崎駅は東京都心から横浜方面を目指す上での運行上の枢要の地。実際、大崎駅には埼京線も湘南新宿ラインも停車する（他に埼京線から直通のりんかい線も乗り入れる）。原宿駅や目黒駅などは目もくれずに走り抜ける湘南新宿ラインが、どちらかといえば山手線の中では地味な存在の大崎駅に停まるというのはそうした理由があったのだ。

20年で3倍以上に増えた利用者数、年に一度の貸切列車

結果的に平成14年（２００２年）に湘南新宿ライン・埼京線・りんかい線が停車するようになって利便性が高まったことは大崎駅に大きな変化をもたらした。

かつての大崎駅はどちらかというと大きな工場がいくつも立ち並ぶ工業地帯であったが、昭和40年代以降工場が転出し、昭和57年（１９８２年）に大崎副都心に指定されて再開発の対象となって変化がはじまる。その再開発が平成14年以降飛躍的に進み、駅前には巨大なオフィスビルがいくつも立地するようになった。

実際、大崎駅にやってくると広々としたコンコースを持つ橋上駅舎から通じているペデストリアンデッキの先には立派なビルがにょきにょきと生えている。目黒川沿いの東側にはゲートシティ大崎、西側にはダイワロイネットホテルまであって、この地を訪れるビジネスマンが多いであろうことを教えてくれる。こういう町の特徴として、休日に訪れると閑散としているのだが平日の朝夕は一変、スーツ姿のビジネスマンが盛んに行き交う。大崎駅は、まさしくビジネスマンのための駅なのだ。

こうした町の激変によってもちろん駅の利用者数も激増中。湘南新宿ラインなどが停車するようになった平成14年度の1日平均乗車人員は５万７０６９人だったが、平成30年度（２０１８年度）にはなんと17万３１３６人にまで増えている。実に

巨大なオフィスビルが駅前に

2017年の「夢さん橋号」の様子。手を振られた方も困る

３倍以上の激増で、平成30年度の前年度比増加率は５％に及ぶ。ＪＲ東日本の駅乗車人員を見ると都心部のほとんどの駅で増えているのだが、その中でも大崎駅は上位１００駅ではいちばんの増加率を誇るくらいだ。

こうした大崎駅の変貌は、とうぜん山手線の中でも随一である。そして山手線のすべての車両が所属する車庫のある駅でもある。それは町の姿が変わった今でも地域の人たちの誇りであるようだ。年に1度、毎年秋に開かれる大崎のいわば町のお祭りである「しながわ夢さん橋」。このイベントでは、山手線を貸し切って1周する「ノンストップ山手線〝夢さん橋号〟」が運行されている。現在のところ、山手線の貸し切り列車はこの「夢さん橋号」だけだという。

数年前、「夢さん橋号」の取材をしたことがある。もちろん使う電車は山手線の車両（取材時はＥ２３５系であった）で、乗車するのは事前に申し込んで当選した約１０００人。電車の行き先表示は「団体」。山手線でこの表示を見るのも、「夢さん橋号」だけという超レア表示である。

車内にはローカルアイドルや女子プロレスラー、警察署から参加したピーポくんまでも乗り込んで、さらにはホンモノのＪＲ東日本大崎駅長までもが参加してお祭り騒ぎだ。大崎駅から外回りで一周するのだが、途中の駅で運転停車はあっても扉が開くことはない。山手線の電車の中で繰り広げられるお祭りを見て、ホームのお客たちは何を思うのか。

この「夢さん橋号」は、とうぜんＪＲ東日本の協力がなければ成り立たぬ。そこには、発展目覚ましい大崎の町が、長らく山手線の車両基地の町としてＪＲ東日本（というよりはそれ以前の国鉄時代からだろう）との間で紡いできた信頼関係があるからこそだろう。「夢さん橋号」は昭和63年（１９８８年）にはじまったとか。町は大きく変わっても、大崎と山手線の関係は変わらない。

大崎の町は、山手線のすべての駅の中でただひとつ、「山手線の町」と堂々と名乗ることのできる駅なのだ。

おおさき

【所在地】 東京都品川区大崎
【構造】 地上駅
【開業】 明治 34 年（1901 年）2 月 25 日
【接続路線】 湘南新宿ライン・埼京線・りんかい線
【山手線ホーム】 1・2 番のりば（内回り）、3・4 番のりば（外回り）
【1 日平均乗車人員】 173,136 人（山手線中 10 位）

JY
23

五反田

仰ぎ見る池上線のホームに息づく消えた私鉄の野望

北口はロータリーの前に漆黒のホテルメッツ

高台を避けるためにカーブをして五反田駅へ

我が国最古の駅として、そして21世紀のターミナルとしてのプライドがにじむ品川駅と、成長著しい新興勢力の大崎駅。そうした2つの駅を過ぎると山手線は再び目黒川を渡って五反田駅に到着する。

大崎から五反田まではほとんどまっすぐに平坦な場所を走るが、五反田駅のあたりから左へカーブ。ちょうど五反田駅のホームはそのカーブの途上にあり、大きく湾曲したホームは五反田駅の特徴のひとつだ。

五反田駅のカーブはひとえに城南五山の高台を避けるためにある。五反田駅と交差して通る国道1号の北側には池田山から花房山に続く高台が広がる。最終的には山手線も武蔵野台地の上に登っていかねば先に進めないのだが、こうした高台は裾野がなだらかではなくまるで崖。崖を一気に駆け登るのは鉄道には無理な話で、カーブで距離を稼ぎながら少しずつ登っていく。高台の上には江戸時代からのお屋敷が点在していたから、それらを召し上げることができないという事情もあっただろうか。いずれにしても、そういう地形の妙で山手線の五反田駅はカーブの途上、そして地上から高架へと少しずつ勾配を登ろうという途上に設けられたのである。

そんなホームの上でとにかく目につくのは、東急池上線のホームである。東急池上線の五反田駅は、ただでさえ高架の山手線五反田駅ホームよりもさらに高いところにあって、まさに山手線を跨いで都心に突入してやろうかという意気込みすら感じられる佇まい。この高架ホームの上の高架ホームという構造と、西島三重子が名曲『池上線』の中で「古い電車」だの「すきま風」だの歌った印象から、ちょっと大きな地震でもきたらひっくり返ってしまうのではないかと恐怖を感じたこともあった。まあ、実際にはそんな軟弱なことはなくて、東日本大震災程度ではビクともしなかった。当たり前ですね。

池上線のホームには山手線からの乗り換えにはホームの大崎よりにある階段を登っていけばよく、その先には東急の改札口がある。東急の改札口とはどういうことかというと、この階段の先の改札を管理しているのは東急であるということだ。池上線のホームの先はレミィ五反田という駅ビルに続いているのだが、そのビルから山手線に乗るための改札口もあり、それもあわせて東急が管理しているらしい。このあたりの詳しい事情はわからないが、勝手にこれは池上線の都心進出に賭ける野望の残滓だと思っている。

もともと池上線は池上電気鉄道の手によって開業した。池上線の起点は五反田駅だが開業は終端側の蒲田からで、大正11年（1922年）に蒲田〜池上間が開業。池上本門寺への参詣客輸送というのが最初の狙いであった。その後は目黒駅で山手線に接する計画だったが、折しも同時期に目黒蒲田電鉄によって蒲田と目黒を結ぶ路線の建設が進んでいた（のちに東急目蒲線、現在の東急目黒線と東急多摩川線）。走る場所の多少の違いはあれど起終点が一致して沿線も競合する路線が並び立つわけもなく、目黒蒲田電鉄が先んじて目黒まで開通させたことで池上電気鉄道は目黒乗り入れを断念。ゴールを五

国道1号を跨いで設けられた高架駅

山手線をいざ跨がんとする勢いの東急池上線

反田駅に切り替えて昭和3年（1928年）に乗り入れを果たしたのである。

五反田は交通という点ではいくらか不便な町であった。いくら山手線に接続しても都心の奥へとさらに侵入する交通機関が必要である。ところが、五反田には都心部の交通を担う市電（のちの都電）がやってきていなかった。どうしてかというと、そもそも五反田は東京市内ではなかったからである。市電はその名の通り原則として東京市内が営業範囲だった（むろん例外はあったが）。市内から外れる五反田には市電は到達せず、少し手前の白金猿町（現在の高輪台駅付近）までしか来ていなかったのだ。

せっかく五反田に乗り入れても市電との接続がないとなれば、利便性はいまひとつ。ライバルの目黒蒲田電鉄がターミナルとした目黒駅は市外にも拘わらず市電がやってきていたから、そのままでは勝負にならない。目黒駅ならばそのまま市電に乗り換えれば済むところ、池上電気鉄道で五反田までやってきたお客はわざわざ一度山手線に乗り換えて他の駅まで向かい、そこから市電に乗るという余計な一手間を強いられる。

そこで池上電気鉄道は自ら都心に乗り入れることを画策した。大胆にも山手線の頭上をまたいで白金方面へ。その野望が、今も山手線のホームの頭上に浮かぶ池上線ホームとして残っているというわけだ。だが、昭和8年（1933年）には市電も五反田まで到達。結局延伸は果たせないままに池上電気鉄道は昭和9年（1934年）にライバルの目黒蒲田電鉄に吸収合併されてしまう。

ちなみに夢に潰えた池上電気鉄道の都心進出を阻むように建っている駅ビルのレミィ五反田は、かつて白木屋という百貨店。昭和3年、池上電気鉄道の五反田乗り入れの約半年後に開業。実は関東地方でははじめてのターミナルデパートであった。

五反田有楽街の上に広がる島津山

市電が来ていなかったからといって五反田が寂れていたかというとそうではない。

五反田駅のイメージをどう表すかと問われると、だいたい多くの人が〝歓楽街〟を思い浮かべるだろう。もちろん最近では食通を唸らせるような飲食店があったり、ＩＴ産業を中心とする企業の進出が目覚ましいとかそういう変化もあるが、やはり駅の近くに広がるラブホテルやら風俗店やらの印象が強い。この歓楽街としての五反田は、大正時代頃に形作られたという。

大正10年（１９２１年）に見つかった鉱泉を中心に花街として発展し、関東大震災以降急速に発展したという。そうしたところに戦後のヤミ市が加わって、猥雑な町が出来上がったというわけだ。

五反田駅の山手線ホームから階段を降りて高架下の改札口を抜けると、高架を東西に横切る自由通路に出る。東側には国道1号との間に広々とした駅前広場があるのだが、目下その広場と駅の間に駅ビルを建設中。令和2年（２０２０年）3月にはホテルがオープンするという。反対側の西口にもアトレヴィ五反田があり、そちらには成城石井が入っているから猥雑タウン・五反田も〝城南〟らしい高級感をアピールしようとしているのだろうか。

東西どちらの出入り口に出ても構わないが、ここではまず西口に出てみよう。西口には大きな広場はなく、駅前の道を北に（目黒方面）に歩いて国道1号を渡る。そうするとそこは猥雑イメージの五反田の代名詞とも言えるラブホテル街。いつの頃だか、紳士たれの某球団の中心選手とアナウンサーがシケこんだことでも話題を呼んだラブホ街である。その時のお値段は９８００円だったか。

ラブホテルが立ち並んでいるということは近くには風俗店もあるのが常で、だいたいそんな町をかばん2つ抱えてひとりで歩いている女性はデリバリーヘルスの風俗

北口の有楽街。いや、寂れているわけじゃないんですよ……

左が山手線ホームより上層の池上線。右奥の橋は目黒川を跨ぐ

嬢。きっと近くに待機所があるのだろう。

こうした雰囲気の町は山手線と国道1号が交差する地点を中心に対角に行っても見ることができる。東口の駅前広場の先には「五反田有楽街」と書かれたアーケードがあって、その先が文字通りの有楽街。ここにもラブホテルや風俗店、ピンサロ、ガールズバー。平日の昼間に訪れれば閑散としたものだが、スマホ片手にウロウロしているお兄さんたちを見るにつけ、あまり風紀が良さそうな町ではない。

それに、歓楽街といっても例えば新宿歌舞伎町とか池袋とかそういう大歓楽街とは一味違う雰囲気を持つ。例えて言うならば、場末の繁華街。今にも廃れつつあるような地方都市の片隅の歓楽街に似たような空気を持っているのだ。

そうした町は、かえって魅力的である。現在絶好調の歓楽街は店の入れ替わりも激しく結果としてチェーン店が氾濫することになる。ところが場末の歓楽街にはそういうチェーン店は少なく、どちらかというと個人経営の個性的な店が多く集まる。なぜかはわからないがそういうものだ。そして五反田もそんな町であり、場末感と五反田の魅力は表裏一体の関係にあるのだろう。意外とこういう町は庶民的で住みやすい（治安の悪いエリアをうまく避けて暮らせば、という条件付きであるが）。

ところで、このあたりで少し思い出していただきたい。品川からぐるりと山手線の南端を回って恵比寿までの道のりは、城南五山の麓を走る。城南五山といったら文字通りの山手、東京屈指の高級住宅地である。それにこのあたりの山手線の各駅から分かれている郊外への路線に乗れば、その先には田園調布に代表される〝新興〟の高級住宅地も待ち構えている。

ところが、五反田駅はそんな高級住宅地の近くを通っているとは思えないような庶民的な空気感。大崎駅にしても今でこそマンモスオフィスビルの立ち並ぶ山手線屈指の新興勢力ではあるが、もとは工場が立ち並ぶ工業地帯で、いわゆる〝労働者の町〟であった。

五反田駅の東口の「五反田有楽街」。そのラブホテルや風俗店、スナックに焼肉店と立ち並ぶ町の間を抜けてさらに先に進むと少し雰囲気が変わってくる。なだらかな坂があって、その奥にはそびえる崖と緑に覆われた高台が控える。この高台の上は清泉女子大学。もともとは島津氏の邸宅で、城南五山のひとつ島津山だ。

この五反田有楽街の裏手と清泉女子大学のセットはいかにも違和感たっぷりである。ただ、五反田の方からみれば違和感があっても、逆側から見ればたいしたことはない。すぐ北には高輪台の駅があるし、東に行けばもうすぐに品川だ。だいいち、大学と五反田有楽街は島津山の崖によって区切られているから、女子大生と歓楽街のオジサンたちが交わることもないのである。こうしてしっかりと崖を境に町の雰囲気が変わるというところも、山手線沿線らしい光景というべきか。

ともあれ、五反田は城南五山の高台を仰ぎ見る目黒川沿いの駅である。

ごたんだ

【所在地】 東京都品川区東五反田
【構造】 高架駅
【開業】 明治 44 年（1911 年）10 月 15 日
【接続路線】 東急池上線・都営浅草線
【山手線ホーム】 1 番のりば（内回り）、2 番のりば（外回り）
【1 日平均乗車人員】 141,351 人（山手線中 15 位）

昭和42年に完成した民衆駅がアトレに

東急にとってはじめての「山手線接続」はここ

JY
22

目黒

いよいよ武蔵野台地に分け入っていく

品川駅を出てすぐに御殿山の切通を抜けてから、山手線は巧みに武蔵野台地の高台を避けて走ってきた。目黒川沿いの低地がそれである。ただ、いつまでもそうして逃げてばかりもいられない。五反田駅から目黒駅にかけて、山手線は覚悟を決めて武蔵野台地に分け入っていく。

五反田駅あたりでは高架ですぐに盛土の上を走り、首都高目黒線の下をくぐって少しすると今度は地上から掘割の中に入る。そしてそのまま目黒駅のホームに滑り込む。

このあたりの車窓の変化について、大岡昇平の『武蔵野夫人』に次のような一節がある。

> 目黒の鼻をくり抜いて来た省線の鉄路はこの辺（筆者注：登場人物のひとり宮地勉の転居先アパート）で目黒川流域に出、崖辺をかすめて五反田駅の高架まで、低地の高低を土手で無視している。

このくだりでは目黒から五反田に向かっているので本書の順番とは逆だが、

昭和初期の目黒駅。掘割内にホームがある構造は同じ（『懐かしの停車場』より）

『武蔵野夫人』で描かれている風景は今とたいして違わない。周囲のビルは姿をだいぶ変えているだろうが、線路のそのものが地形をどう克服していくかという点では変わりようもない。

ともあれそうしたわけで目黒駅があるのは目黒川から少し離れた高台、城南五山でいうと花房山の上。上と言っても件の通り線路は掘割の中にあるので、ホームから改札口のあるコンコースまでは階段を登っていかねばならない。

目黒駅に乗り入れているJRの路線は山手線だけだ。湘南新宿ライン（山手貨物線）が並行しているが、そちらはホームのない西側を一目散に走る。

JR以外では東急の目黒線がある。すっかり目黒線という名が定着しているが、もとは目黒と蒲田を結んで走る目蒲線といった。大正12年（1923年）3月11日に目黒蒲田電鉄によって目黒〜丸子間で開通したのがはじまりで、当の目黒駅は明治18年（1885年）開業なので、それから遅れること約40年。目黒駅にとって郊外路線の乗り入れは初めての経験であった。目蒲線が蒲田まで全線開通したのは大正12年11月のことである。

その後、大正15年（1926年）2月には目黒蒲田電鉄の姉妹会社であった東京横浜電鉄が丸子多摩川〜神奈川間を開通させて、目黒蒲田電鉄との相互乗り入れもスタートしている。その時点で目黒から神奈川方面が直通して蒲田方面は丸子多摩川駅で折り返していたというから、今の目黒線と多摩川線に分かれている運行形態は別段特別なことでもないようだ。

この目黒蒲田電鉄と東京横浜電鉄の直通運転は、その時点で東京横浜電鉄が渋谷乗り入れを果たしていなかったことによる。渋谷乗り入れ、つまり都心接続の山手線ターミナルへの乗り入れができていなければ利用の便は不充分。そこで目黒蒲田電鉄への乗り入れによって一時的に便を確保したのだ。

東京横浜電鉄は昭和2年（1927年）までに渋谷駅に乗り入れて東横線と名乗る。沿線の分譲地開発や慶應義塾大学への土地の寄付（日吉キャンパスである）などによって目黒蒲田電鉄ともども利用者を増やし、昭和9年（１９３４年）に五反田をターミナルとする池上電気鉄道を吸収。昭和14年（１９３９年）に目黒蒲田電鉄と東京横浜電鉄が合併して東京横浜電鉄と名乗る（形式上は目黒蒲田電鉄が旧東京横浜電鉄を合併したうえでの社名変更らしい）。これが、現在の東急のはじまりの物語である。

東急と山手線というと、やはり渋谷駅のイメージが強かろう。ただ、歴史的には東急（の系譜に連なる路線）がはじめて山手線にぶつかってきたのは目黒駅なのである。

目黒駅に乗り入れたころの目黒蒲田電鉄、目蒲線のターミナルはＪＲ目黒駅から目黒通りを挟んだ向かい側、ＪＲ東急目黒ビルのあたりにあった。今は地下鉄との直通のために東急は地下に潜ったが、平成9年（１９９７年）までは東急も地上駅だったのだ。この東急の目黒駅、初代駅舎には昭和4年（１９２９年）に東横第2食堂が併設されたり、昭和28年（１９５３年）に鉄筋コンクリート造の立派な駅舎に改築されたりと、意外と語れる歴史を持っている。とくに食堂は東急が渋谷と同じように目黒も東急の城としていこうとした第一歩なのではないかとも思える。実際どういう意図があったかどうか、少なくとも東急が駅に食堂を設けたのは渋谷に次いで2番めであった。

現在の駅ビルは50年以上前に民衆駅として完成

この地上の目蒲線の駅は平成9年に地下に潜り、平成12年（２０００年）に目黒線となって地下鉄との直通運転を開始。翌平成13年（２００１年）には東急とＪＲを直接つなぐ連絡地下道が設けられて乗り換えを便利にしている。この地下道を通れば、ＪＲのホームから目黒川の南側にあるＪＲ東急目黒ビルに出ることができ、目黒通りの横断歩道を渡る手間が省ける構造になっている。地上駅時代も互いのホームを連絡する渡線橋があったようだが、それは幅が４ｍ程度の狭いもので、朝

東急目黒線の駅舎は立派なビルに

のラッシュアワーにはずいぶん混雑が激しかったらしい。
と、東急の目黒駅についてばかり書いてしまったが、本命はやはり山手線の目黒駅である。山手線のコンコースと改札口は駅ビルの1階部分。目黒駅のホームの上には掘割を覆うようにして立派な駅ビルが建っている。駅ビルはロータリーのある東口側に寄っていて、湘南新宿ライン（山手貨物線）の線路をまたぐ西口側はほとんど駅の機能だけの平屋の駅舎がある。その屋上は駐車場になっているようだ。

西口側には駅ビルはなく、駅舎上が駐車場に

　駅ビルはだいたいがルミネかアトレで、この目黒駅はアトレになっている。目黒駅のアトレだからなのか、なんとなく高級感を感じてしまう。だがよくよく見てみると駅ビルの隣にあるもうひとつのアトレにはニトリが入っているようだから、高級店ばかりが入っているようなアトレではないのだろう、当たり前だけど。

　それに、この駅ビルそのものは昭和42年（１９６７年）に建設された古株である。外観の設えは何度もリニューアルしていて、現在の姿は平成26年（２０１４年）以降のものだ。だが本体は昭和42年完成の50年選手。民間の事業者なども入居させて建設コストにあてるいわゆる〝民衆駅〟として建てられたものだ。国内では44番めの民衆駅であった。

　目黒駅はご存知の通り山手線と東急の乗り換えターミナル。さらに往時は都電も駅前に乗り入れていて、城南方面の交通結節点となっていた。おかげで乗り換え客は実に多く賑わっていたのだが、だからといって渋谷や新宿のような商業地にもなれてはいなかった。当時の新聞には、「目黒はお屋敷町だから発展への動きがなく商店街もパッとせず、お客を渋谷などに奪われている」というようなことが書かれているくらいであった。

　そこで客が増えて手狭になっている駅舎を何とかするついでに民衆駅としてショッピングセンターを入れて、一気に目黒を生まれ変わらせようというのがこの駅ビル建設の契機だったという。

駅ビルはふたつあり、改札口などのコンコースのあるほうは当初目黒ステーションビル。今はニトリが入っているお隣のビルが目黒ターミナルビルと名乗った。それが後に幾度か名称を変えて改装を繰り返し、最終的にアトレとして今の姿になった。いまやすっかり目黒はオフィス街となり、たくさんのビジネスマンやＯＬたちが闊歩する。そうした発展のきっかけが、この民衆駅だったのだ。

とはいえ、目黒の〝高級〟イメージは当たらずとも遠からずといったところだったようで、構内に臨時で設けられた売店では数十万円もするような毛皮が売れるのも当たり前だったとか。やっぱり東急沿線の人はお金を持っているのである。

目黒区にない目黒駅、坂の上から見えるもの

さて、最後に目黒駅がいったいどこにあるのか、ということについても触れておかねばならぬ。目黒駅があるのは品川区上大崎である。品川、大崎とまったく目黒駅とは離れた場所の名が並ぶ。品川駅のところでも少し書いたが、品川駅が品川区にはないように目黒駅も目黒区にはない。だいたい山手線の駅というのは名は体を表さないものなのだ。

それでも、いま日常会話の中で「目黒」という地名が出てきたらおおむね目黒駅周辺を指している。目黒区役所があるのは中目黒駅周辺だが、そちらを「目黒」と呼ぶことはない（素直に中目黒、である）。

別にそれが間違っているなどと言いたいわけではなくて、実際に目黒駅は目黒区にはないと言っても駅前の目黒通りから権之助坂や行人坂を降って西に向かう途中で、すぐに目黒区に入る。目黒区と品川区の境界付近に目黒駅があるということだ。そしてそのあたりに地名は目黒区下目黒。権之助坂の北側は目黒区目黒だ。だから別に目黒駅周辺を指して目黒というのはなんの問題もない。

ただ、逆は必ずしも真ならず。目黒に目黒駅が設けられなかったということについては、これでは答えになっていない。そして目黒にないのになぜに目黒駅と名付けたのか。明治18年の開業時、目黒駅は目黒村ではなく大崎村にあったくらいだ（今も目黒駅の住所は〝上大崎〟だ）。だから上大崎駅とするとか、江戸時代から知られていた権之助坂や行人坂の名をいただく手もあっただろう。

こうした駅名の由来はなかなか明確な資料があるわけでもないのではっきりしたことはわからない。なのであれこれ諸説が飛び交っているのだが、その中に次のようなものがある。

目黒川沿いの目黒村に駅を設ける予定だったが、沿線の農民たちが蒸気機関車の煙煤が農作物に悪影響を与えるとして反対した。そのため、やむなく日本鉄道は経路を変更して大崎村と目黒村の境に近い現在地に目黒駅を設けたのだ——。

なんとなく納得できそうなものだが、おそらく単なる都市伝説のたぐいだろう。

だいたい、山手線は目黒に行きやすいかどうかなどまったく関係なく建設された路線である。新宿方面を北上して赤羽駅ですでに開通していた上野〜熊谷の路線に接続し、北関東の産物を品川を経て横浜まで直接輸送する。つまりは北関東からの貨物輸送が最大目的であった。だから目黒がどうとかに構っているほどの余裕はなくて、むしろ武蔵野台地の起伏をどうにか乗り越えて北を目指すのが第一だったはずだ。

目黒川沿いに行けば勾配面では問題がなくとも、本来の目的地からはどんどん遠くなってしまう。そこで城南五山の南側、目黒川沿いを走ってきたところから目黒のあたりでいよいよ本格的な山越えとばかりに武蔵野台地に分け入った。できるだけ一直線で北を目指しつつ勾配との折り合いをつけるにはこの選択肢くらいしかなかったのではないか。そして駅を設けるにあたってよく知られた目黒不動尊や目黒川からその名をもらって目黒駅とした。正解はわからないが、だいたいこんなところなのだろうと思う。

ちなみに目黒駅前の目黒通りはそのまま西に向かっていけば急な下り坂。これを権之助坂といい、通り沿いには昔ながらの商店街が軒を連ねる。対して権之助坂を降りずにパークタワー目黒の左手の細い道を行けば、こちらは行人坂という。行人坂は『江戸名所図会』にも描かれている有名な急坂で、降っていけば目黒川の手前で目黒雅叙園。てっぺん付近（つまり目黒駅のあたりだ）は夕日が丘という名で呼ばれて富士見茶屋も設けられていたとか。つまりかつて目黒駅のあたりからは富士山を望むこともできたというわけだ。巨大なビルが立ち並んだ今では行人坂のてっぺんから西を眺めても、せいぜい坂の途中にある某芸能事務所の社屋が見えるくらいである。

めぐろ

【所在地】東京都品川区上大崎
【構造】地上駅
【開業】明治18年（1885年）3月16日
【接続路線】東急目黒線・東京メトロ南北線・都営三田線
【山手線ホーム】1番のりば（内回り）、2番のりば（外回り）
【1日平均乗車人員】115,560人（山手線中16位）

北側にある西口が恵比寿駅の正面といえる

EBS
JY
21

恵比寿

ビールの一銘柄が駅名になり、地名になった

伝説のドラマの名シーンが生まれた跨線橋

目黒駅から恵比寿駅まではほとんどまっすぐ北北東へ、掘割の中を走ってゆく。その途中でくぐるのが白金桟道橋だ。昭和元年（１９２６年）に完成した古い跨線橋で、橋脚などに古いレールを使用している点が大きな特徴。掘割が深くなっている山手貨物線側は古レールが美しいカーブを描いたアーチ橋になっているところも見て楽しい。

そして同時に伝説の名ドラマの聖地でもある。平成3年（１９９１年）に放送された『東京ラブストーリー』。その第3話のエンディングでリカがカンチに「ねえ、セックスしよ」と言ったのがこの白金桟道橋なのだ。その直前、カンチは「どれくらい好き?」とリカに聞かれて、橋の上をちょこっと走って「こーんなに！好き」とかなんとか言っている。若き日の織田裕二が叫んでいる。そしてそんな名シーンの終わり、「セックスしよ」のあとにリカとカンチが見つめ合うその下を走ってゆくのは、当時山手線で活躍していた２０５系。30年近い時が流れて、山手線の車両は2度の代替わりを経験している。

白金桟道橋をすぎると、山手線がオーバーパスするようにして山手貨物線をまたぎ、その東西を入れ替える。そのために一時的に山手線は高架に、貨物線は掘割をさらに深く刻んで走ることになる。が、その入れ替えが終わればまた普通に4本の線路が並ぶ掘割に戻る。そしていくつかの跨線橋をくぐり抜けて、『東京ラブストーリー』ではカンチとさとみが待ち合わせ場所にした恵比寿駅である。

恵比寿駅に到着した山手線を降りると、電車の扉とホームドアを抜けてホームに降り立つ。抜けると言っても電車の扉が開いたときにはすでにホームドアも開いているから特別に意識することではないのだが、少なくとも恵比寿駅にはこの通りホームドアがついている。今では山手線にも多くの駅にホームドアがあるが、実はいちばん最初がこの恵比寿駅である。

ホームドアの使用が始まったのは平成22年（2010年）6月26日。山手線でいちばん最初どころか、JRの在来線でも最も早かった。その頃すでに地下鉄や私鉄ではホームドア設置が進んでいたとはいえ、平成22年がJRでは初というのは少々意外な気もする。それからわずか10年、もうJR在来線駅のホームドアは珍しくはなくなった。人身事故が起こってダイヤが乱れるたびに、「早くホームドアを設置しろ」というような話になるが、意外と頑張っているのだと思う。

さて、ホームに出たら改札口に向かいたい。恵比寿駅には出入り口がふたつある。駅舎そのものをすっかり駅ビルが覆い隠しているので、きれいに化粧されているとは言えどうも薄暗く感じるホームを歩く。

恵比寿駅は目黒よりは掘割、渋谷寄りは高架になるという複雑な構造をしているので、南側は橋上駅舎（というよりはそのまま駅ビル直結である）、北側は高架下の駅舎。そこに向かって南側は階段を上るし、北側は階段を下る。その時点で少々ややこしいのだが、もっとややこしいのは出入り口の名前である。

このあたりの山手線はおおむね南北に走っている。ならば北側は北口、南側は南口と名乗ってくれればわかりやすい。ところが、実際には北側は西口、南

白金桟道橋を通る山手線E235系。30年で車両は2度の代替わり

東口は小さなペデストリアンデッキの上からさらにエスカレーターで

側は東口を称する。改札を抜けた先の出口がそれぞれ東と西にしかないのであればそれでもまだ納得できるのだが、北側の改札を出ると出入り口は東西に。メインとなるのは西側で、そこにはロータリーもあるし恵比寿駅の名ふさわしくえびす像もある。東京メトロ日比谷線との乗り換えもこちら側。

ところが反対側にもいくらか人気の少ない出入り口があるのだ。恵比寿駅の東側に出るにもかかわらず、堂々と「西口」などと書いてある。この場所を待ち合わせ先に指定されたら、まず落ち合うことができないような気がするのだが、いかがだろうか。

駅ビルの中にある南側の東口は、その東側が小さなペデストリアンデッキになっていて、その名も恵比寿駅東口公園。まあ、東側にあるからその名に偽りはないのだが、やっぱりわかりにくいものはわかりにくいのである。

そしてこれらの出入り口はどちらも駅ビルに通じている。ご存知アトレである。

とはいうものの、このアトレがまた実にややこしい。南側の東口改札はちょうどアトレの3階にあり、とうぜん北側ともつながっているのだが外から見るとどうも別のビルのように見える。そしてさらにアトレにはもうひとつ、西口（北側）のロータリーの横に西館というものがある。ホームの上や周囲に、とにかく恵比寿駅はアトレに囲まれているのだ。そして東西南北が入り交じって何が何やら。

他社路線は地下鉄がひとつだけ、ＪＲでも山手線以外は湘南新宿ラインと埼京線だけですべて仲良く横に並んでいるというシンプルそうな恵比寿駅。それがひとたび中に入ってみると、東西南北、上にアトレとややこしい。はじめて恵比寿駅に訪れて知人と待ち合わせでもしようとしたら、迷いさまよってしまう人も多かろう。この駅は思いのほか、油断のならない迷宮駅であった。さらに東口の改札の脇から長い動く歩道を進んでいくと恵比寿ガーデンプレイスにたどり着くという点も、この恵比寿駅の複雑さに一役買っているのかもしれない。

エビスビールから生まれた駅と地名

恵比寿駅といえば、ガーデンプレイスを思い浮かべる人も多いだろう。

恵比寿ガーデンプレイスは平成6年（1994年）に開業した複合施設。オフィスやレストラン、美術館からマンション、サッポロビールの本社も入る巨大な施設である。恵比寿駅とは南側の東口から伸びる動く歩道（スカイウォークというらしい）でつながっている。

このガーデンプレイスは、もともとサッポロビールの恵比寿工場であった。はじまりは明治20年（1887年）9月6日。日本麦酒醸造（サッポロビールの前身）が目黒村三田と渋谷村にまたがる地に工場を設けて恵比寿麦酒（ヱビスビール）の製造をはじめた。最初は大黒天という名を使う予定だったが、先達がいたために同じ七福神から恵比寿の名をとったという。そして明治34年（1901年）には当時の日本鉄道が工場からのビール出荷用の貨物駅を設けた。それが恵比寿駅のはじまりである。当初は貨物専用、明治39年（1906年）になってから旅客営業を開始している。

駅名は最初からヱビスビールの輸送のためだったから恵比寿駅。それがそのまま地名となって、恵比寿駅の周辺は今では恵比寿という地になった。こうした例は他に愛知県の豊田市などがある（もちろん世界のトヨタの町だ）。ただ企業名が地名になることはあっても、製品名が地名にまで進出するのはなかなか珍しいのではないか。それはやはり恵比寿という名が実に縁起がいいということによるだろう。

恵比寿という地名は実は全国的に見ればここだけではなくて、かなりの数がある。もちろんほかの恵比寿はえびす神社が由来である。書き方はいくつかあって、

スカイウォークで約5分、ガーデンプレイスが恵比寿駅の由来

恵比寿駅西口にはえびす様の像が鎮座

戎と書いたり恵比須と書いたり、蛭子という表記もある。駅になっているところもあり、大阪メトロには恵美須町駅、神戸電鉄粟生線には恵比須駅。ただし、恵比寿駅と書くのは山手線だけであり、最も有名なのも山手線の恵比寿駅であることは疑いがないだろう。

他の〝えびす〟とはまったく違うルーツ、ビールの名前から生まれた恵比寿駅。それでも七福神のえびすさんと無関係なわけでもなく、西口の駅前広場の片隅にはえびす像が鎮座する。昭和50年（1975年）に設けられたもので、「えびす像」と書かれた碑はなんと三木武夫元総理によるものだとか。単なるオブジェという以上に由緒のある立派なものだった。

そして神社も近くにある。駅の少し西にその名も恵比寿神社。ただし、もともとは天津神社という社名で、昭和34年（1959年）に区画整理事業に伴って現在地に移転した際に恵比寿神社に改名している。そして同時にえびす様を兵庫県の西宮神社から勧請して祭神に加えたもの。神社なのだからもともとえびす様とゆかりがあるのだろうと思っても大間違いで、やっぱりヱビスビールから来ているのである。

ちなみに、七福神のひとつであるえびす様、日本古来の福の神であって、商売の神様としてよく知られる。えびす様を祀る西宮神社や今宮戎神社の十日えびすなどはもはや全国的に話題になる年明けの風物詩。で、いったいその正体は何なのかというと定かなことはわからず、西宮神社は蛭子命、今宮戎神社では事代主神として祀られている。前者はイザナギ・イザナミの子で、後者は大国主命（七福神では大黒さん）の子。まあどちらがどうとか細かい話はここでは触れないでおくが、えびす様が満面の笑みであることはおなじみであろう。もちろんその笑顔のえびす様が、ヱビスビールのラベルにも描かれている（完全に余談だが、袋にも鯛の入ったレアラベルがあるとかないとか）。

もとのえびす様、そのありがたい存在がゆえにまさかビールの名に使われるなどとは夢にも思わなかったろう。そしてそのビールの名が駅名になってそのまま地名になるなど思いもよらぬことのはず。西宮神社や今宮戎のような社のない関東地方では、もはや最も有名なえびす様といったら恵比寿駅前のえびす像になっているのかもしれない。

国鉄からJRになったそのときも、カンチが待ち合わせで恵比寿駅前に立っていたあのときも、湘南新宿ラインや埼京線が乗り入れるようになったときも、恵比寿駅と恵比寿の町を見守り続けてきた駅前のえびす様。ビール発祥というのをどうみるかは人それぞれだろうが、やっぱり恵比寿駅はえびす様とビールの駅。

そういえば、恵比寿の町の飲食店はどのビールを提供しているのか、ふと気になった。やっぱり恵比寿プライド、ヱビスビール一色7日。別にどうでもいいのだが、それで適当に一軒入って生ビールを注文してみたら、出てきたのはアサヒスーパードライ。ま、現実というのはそんなものである。

えびす

【所在地】東京都渋谷区恵比寿南
【構造】高架駅
【開業】明治34年（1901年）2月25日
【接続路線】湘南新宿ライン・埼京線・東京メトロ日比谷線
【山手線ホーム】1番のりば（内回り）、2番のりば（外回り）
【1日平均乗車人員】119,939人（山手線中14位）

第2章

三大副都心を続けて貫く——

渋谷〜目白

SBY
JY
20

渋谷

東急の城・渋谷の中で、山手線はどこにある？

谷底に移転した渋谷駅の正面はずっとこちら。ハチ公広場だ

山手線西側に3つある副都心のひとつ

「副都心」という言葉がある。辞書的な定義をすれば、都心の機能を代替する副次的な中心的地域のことをいう。

東京のようにあまりにも大きく膨れ上がった大都市においてはいくつも副都心があって、東京都が指定した副都心だけでも7ヶ所に及ぶ。新宿、渋谷、池袋、上野・浅草、錦糸町・亀戸、大崎、臨海。本当に副都心と言っていいのかどうか、怪しいところもあるしそもそも東京都が定めた副都心など政策上の都合に過ぎないから、この定義に従う必要などまったくない。ただ、そうした中でも新宿や渋谷、池袋を副都心と呼ぶことについてはおおむね異論はないだろう。

目黒駅の手前で武蔵野台地に分け入った山手線は、いくつかの小さな川が作り出した谷と山の起伏を乗り越えながらいよいよ三大副都心を結んで走る。その最初が渋谷川の谷間に生まれたターミナル、渋谷駅である。

さて、渋谷駅だが山手線について言えばごくシンプルである。すり鉢状の渋谷の谷の底を高架で南北に線路が通っていて、ホームは地上2階に位置する。外回りと内回りのホームはそれぞれ別の2面2線。けれど相対式ではなく外回りと内回りが互いに同じ方向を向いて並ぶのが特徴で、わかりやすく言えば西

山手線外回りホームにある玉川改札は玉電時代の名残

から順に外回りホーム・外回り線路・内回りホーム・内回り線路という並びである。

外回りと内回りは単にどの方向に向かって走るかの違いしかないからどちらが上とか下とかはないのだが、渋谷駅においてはいくらか外回りホームのほうが格上のようだ。というのも、キオスクがあるのは外回りのホームだけだし、外回りホームにだけホームから直接通じている改札口もある。内回りホームからは階段を上るか降りるかしなければ改札を出ることすらできない。

この外回りホームだけにある改札口（玉川改札という）を除くと、山手線ホームから外に出る改札は2ヶ所ある。新宿寄りの階段を降っていくとハチ公改札。いわゆるハチ公口、あのスクランブル交差点の駅前に通じる改札口だ。ホーム中央の階段を登ると中央改札で、地上3階というだいぶ高い場所にあるので乗り換え先としては地下鉄銀座線、そして連絡通路を南へ歩いて歩いて埼京線・湘南新宿ライン。南側の階段を下れば南改札で、こちらは渋谷駅の南側の東西に出ることができる。

と、こうして書いたところで渋谷駅の全貌を説明したことにはまったくならない。せいぜい全体の10分の1に達するかどうかというくらいである。

渋谷駅には他に京王電鉄や東京メトロ、東急電鉄の路線が乗り入れて地上3階から地下5階まで幾層にも重なって四方八方に路線が伸びていく。航空写真を見ると、渋谷駅付近は南北の山手線が通って東からは地下鉄銀座線、西からは京王井の頭線が谷底に突っ込んでくるようになっている。さらに地下に東急と東京メトロの路線が2つずつ（相互直通運転をしているから事実上2路線である）。そしてすべてを取り囲むように東急の巨大なビルがそびえ立つ。このビル群は地下でも地上でも上空でも互いにつながってそれぞれ駅とも連結される。出入り口の数など、もう数えるのもバカバカしいほどである。

さらにタチが悪いことに、渋谷駅は目下再開発の真っ只中であるから、せっかく覚えたルートが気がつけば変わっているなど日常茶飯事。スクランブルスクエアですよこれが、などと説明されたっていったいナンノコッチャ。これは駅なのか駅じゃなくて単なるビルなのか、それすらもわからなくなってくる。あげくに出入り口の番号すらごそっと変更させられることもあるのだからもうたまったものではない。この原稿を書いているときから本書の発売までの間に渋谷駅の何かしらが変わっていて間違ったことを堂々と書いていたとしても、それは筆者の責任ではないということを声を大にして言っておきたい。

なんでも、この渋谷駅の再開発は令和9年度（2027年度）に完成を見る予定だという。だからそれまでの辛抱だという（完成したところで複雑さが解消されるとはとうてい思えないのだが）。それにしてもこの複雑さはなんとかならないものか。だいたい、渋谷駅に乗り入れている各鉄道事業者のホームページなどで構内図を拝見しても、それぞれ自社のエリアのことしか描いていない。東急はすべての路線が地下にあるからほとんど地下だけの構内図だし、JRは地上だけ。先に述べたようなシンプルな構造をそのまま構内図に挙げている。東京メトロは地上3階の銀座線から地下5階の副都心線まで持っているのでいくらか役にはたつが、それでも山手線と井の頭線はすっかり無視されている。

もちろんそれぞれ会社が違うのでこうなることは仕方がないのはわかる。わかりますが、お客にとって会社が違うとかそういうことは本来どうでもいいことである。渋谷駅が複雑であることは周知の事実だしあれこれ言われているのだから、せめて一体となったわかりやすい構内図くらい用意してもらいたいと思うのだが、どうであろうか。

ともあれ、そうした複雑怪奇な渋谷駅において、いまや山手線の存在感は実に小さいものである。渋谷駅と聞いて「ああ、山手線のね」と思う人はじっさい少数派なのではないかと思う。東急や地下鉄の駅というイメージがすっかり渋谷駅には定着しているのである。明治18年（1885年）3月1日、品川～赤羽間の開通と同時に開業して渋谷駅発展の礎となった山手線渋谷駅は、輻輳する渋谷の魔宮の中にすっかり埋没してしまっている。

渋谷は将兵の憩いの場として繁華な町に成長した

渋谷駅はどうしてここまで複雑な駅となり、その中で山手線の存在が埋没するに至ったのであろうか。この問の答えはいくら駅を歩き回っても見つからず、かえって疑問が深まるばかりである。だからここで渋谷駅の歴史の中に答えを探してみたい。

渋谷駅の南西側。古き渋谷の面影が残るが、東横百貨店はまもなく建て替えだ

明治18年に渋谷駅が開業した当時、駅の職員は駅長以下わずか6名。開業初日の利用者はたったのひとりもいなかったとも伝わっている。ただ、それだけをもって「渋谷は何もない谷底の村で……」などと書くのは事実と少し違う。宮益坂で渋谷の谷底に降り、道玄坂で再び谷を登っていく道筋は江戸時代から大山街道といって往来が多かった。特に宮益坂は富士見坂とも呼ばれて風光明媚な地として知られ、何軒もの茶屋が軒を連ねていたという。〝何もない寒村〟などでは決してなかったのである。

とはいえ、渋谷駅はその大山街道から少し南に離れた、今では埼京線や湘南新宿ラインのホームがあるあたりに設けられていた。つまり街道筋からは少々遠かった。なぜ街道と交差する谷底に駅を設けなかったのかについては住民の反対とか諸説があるが、駅舎を設ける土地を確保する都合というのが現実的なところだろう。

いずれにしても渋谷の町の中心、すなわち谷底から少し離れていたことが渋谷駅のスタートを寂しいものにした。その時点からすでに、山手線渋谷駅の存在感は大したものではなかったのだ。

変化は明治の半ば以降。代々木練兵場に代表される陸軍の施設が相次いで渋谷からその西の世田谷にかけて設けられた。そして明治40年（1907年）に渋谷駅に初の乗り入れ路線がやってくる。玉川電気鉄道、玉電である。明治44年（1911年）には東京市電も渋谷まで乗り入れる。

たくさんの将兵が暮らす軍事施設とそこから人を渋谷に運ぶ玉

昭和初期の渋谷駅。今のハチ公広場あたりだ（『懐かしの停車場』より）

電、そして都心に直通する市電という三本立てが、渋谷の大いなる発展の力となったのだ。町には将兵が休日を愉しむための店が建ち並び、いかがわしい類の店も生まれた。今ではラブホテル街として知られる円山町が三業地に指定されたのは大正2年（1913年）である。

こうした町の成長を受けて、国鉄も渋谷駅を真のターミナルとして役立つものにすべく立ち上がる。南に離れていて玉電や市電との乗り換えはいささか不便であった。そこで駅を谷底、すなわち現在と同じ場所に移動してさらに谷底の大山街道の踏切を廃止するために高架化するという大工事を行ったのである。大正9年（1920）年のことだ。旧駅舎は貨物専用のスペースとして残され、昭和55年（1980年）まで使われていたが、貨物取扱が廃止されると一部の敷地を除いて売却されて再開発の種となり、残った敷地は埼京線・湘南新宿ラインのホームや新南口の駅舎、ホテルメッツとなっている。

とにかくこの谷底への移転は、渋谷駅の歴史の中で開業と並んで山手線が存在感を示した瞬間と言っていい。以来、渋谷駅はこの谷底の山手線渋谷駅めがけていくつもの路線が殺到した結果、現在の姿を形作ることになる。

谷底移転から3年後の大正12年（1923年）には渋谷をはじめとする山手線西側副都心発展の最大の契機とも言える出来事があった。関東大震災である。渋谷はこの災禍で大きな被害を受けることはなかったが、もとより東京の中心をなしていた下町エリアは壊滅的な被害を受けた。結果、住まいを郊外に求める人が急増。そしてより賑わいをみせはじめた渋谷駅に、ついに東急がやってくる。昭和2年（1927年）、その頃は東京横浜電鉄という名であったが、東横線が渋谷駅に乗り入れたのである。

東急がやってきてからの渋谷駅は、まさに東急の駅というにふさわしい発展を見せる。昭和9年（1934年）には山手線渋谷駅を中心にして東側に東横百貨店が開業。関東地方における私鉄のターミナルデパートの総本山とも言うべき存在であり、のちに東急百貨店東横店東館となった。そしてこの東横百貨店を追いかけるように山手線の西側に玉電ビル（のちの東急百貨店東横店西館）も完成する。玉電なんだから別の会社じゃないかと言いたくなるが、玉電ビル建設中の昭和13年（1938年）に東急が玉電を合併したから玉電ビルも東急のビルである（正確には当時は東急ではなく東京横浜電鉄なのであるが）。

この玉電ビルにはその名の通り玉電が乗り入れた。玉電はもともと路面電車で地上を走っていたが、それが玉電ビルの2階に高架で突っ込むという斬新なスタイルを取ったのである（山手線外回りホームにある玉川改札は玉川線にちなんだものだ）。さらに同じく東急、五島慶太が主導した地下鉄の東京高速鉄道が山手線をまたいで玉電ビルの3階に突っ込んだ。現在の東京メトロ銀座線である。

この時点で、すでに渋谷駅は高架の山手線のさらに上空に地下鉄が通り、あげくに路面電車がビルの中に入り込むというだいぶややこしいことになっている。が、ややこしさは戦後になってますます加速する。

四方八方から谷底めがけて鉄道が突っ込んで、渋谷のダンジョンできあがり

戦後直後、駅前に広がっていたヤミ市をどう解消するかという問題にあたって、まず昭和32年（1957年）に渋谷地下街（しぶちか）が生まれた。ヤミ市の露店をそのまま地下街に収納して地上をさっぱりきれいにしたのである。これによって渋谷の駅は地下にも広がりはじめた。ちなみに戦後直後の渋谷はたいそう治安が悪かったようで、後に渋谷を本拠に愚連隊を率いた安藤昇は著書の中で「学生たちがこぞって米軍物資の横流しなどの闇のアルバイトに精を出していた」と書いている。

昭和43年（1968年）に廃止されていた玉電は昭和52年（1977年）に地下に潜って新玉川線（現在の田園都市線）としてリニューアル。翌年に地下鉄半蔵門線と直通運転を開始した。この頃には東急百貨店東横店とそれを取り囲むように東急系列のビルがいくつも立ち並ぶという、〝東急の城〟としての渋谷駅はほぼ完成している。

これからしばらくは長らく渋谷も安定期に入ったが、平成に入って再び激動期がやってきた。平成20年（2008年）の東

山手線の渋谷駅が谷底に移転して高架化された。奥の109は昭和54年（1979年）開業

京メトロ副都心線乗り入れで渋谷駅は地下深く、地下5階にまで到達。長らく地上にあったかまぼこ形の屋根の東横線の渋谷駅も平成25年（2013年）に地下に入って副都心線との直通運転をスタート。それに合わせて渋谷駅を取り囲んでいた東急系列のビルは次々に取り壊されて例えば渋谷ヒカリエだとか、渋谷スクランブルスクエアだとか、そういう真新しい名前の高層ビルに生まれ変わっていった。かつて玉電ビルであった東横百貨店西館は、令和2年（2020年）3月に閉店して渋谷スクランブルスクエアの2期棟として生まれ変わる予定である……。

このように渋谷駅の歩みを見てくれば、なんとなく迷宮の成り立ちが見えてくる。もともとは地上にぽつんと山手線の駅があっただけの渋谷駅に四方八方からいくつもの路線がやってきた。それが地上で仲良く連絡すればわかりやすいところ、空中を通ってビルの中に突っ込んだり、さらには地下街と連結して地下深くに潜ったりして、断面をとってみればかなり縦長の駅になってしまったのである。縦長になったのは、渋谷駅がすり鉢状の谷底にあるから複数路線が乗り入れるスペースが地下か上空にしかなかったからであろう。

そしてその縦長になったさまざまな路線の渋谷駅と周囲のビルたちを互いに連絡するために、迷路のごとく無数の通路が設

けられた。

だいたい複雑でわかりにくい駅は地下と地上が入り混じっていることに問題がある。渋谷駅は狭隘な谷間にいくつもの路線を強引に持ってきてしまったがゆえに、こうしたことになった。山手線はその中心にギュッと押し込まれているだけだから意外とシンプルなのだが、だからこそ〝ややこしさ〟の対象にもならずに存在感が薄くなるというわけだ。

と、ここまで書いてきて、忘れていた路線の存在があることに気がついた。京王井の頭線である。井の頭線は昭和8年（1933年）開業と歴史的には東横線に次ぐ。が、西側の高架という点において開業時からほとんど変化がない。平成12年（2000年）にマークシティという駅ビルができてその2階にホームとコンコースが設けられたが、それとて旧来の駅舎をほんの少し移動して駅ビルで覆った程度のものに過ぎない。そうなると、もしかすると山手線以上に渋谷駅において存在感が薄いのは、井の頭線だったのかもしれない（利用者のみなさん、ゴメンナサイ）。

しぶや

【所在地】 東京都渋谷区道玄坂
【構造】 高架駅
【開業】 明治18年（1885年）3月1日
【接続路線】 湘南新宿ライン・埼京線・東急東横線・東急田園都市線・京王井の頭線・東京メトロ銀座線・東京メトロ半蔵門線・東京メトロ副都心線
【山手線ホーム】 1番のりば（外回り）、2番のりば（内回り）
【1日平均乗車人員】 370,856人（山手線中5位）

神宮参詣、オリンピック、そして流行の最先端へ

JY 19

原宿

東京最古の木造駅舎も間もなく見納め

渋谷駅からの山手線は東に明治通り、西に公園通り、途中からは神宮通りと並行しながら高架で北を目指す。神宮通りの上を跨いだあたりから沿線は渋谷らしい賑やかさから離れて少しずつ地上に近づいてそのまま掘割へと入っていく。左手に国立代々木競技場が見えてくると、五輪橋と神宮橋を潜って原宿駅に到着である。

原宿駅は実にさまざまな顔を持つ駅である。昭和39年（1964年）の東京オリンピック、そして今般の東京オリンピックの舞台となる国立代々木競技場は原宿駅を最寄りとするし、NHKも渋谷と原宿のほとんど中間から原宿に近いところにある。いずれも昭和39年のオリンピックにあわせてこの地に設けられたものだ。

代々木公園と明治神宮という存在も原宿駅の個性を決定づける沿線施設である。現に原宿駅は明治神宮参詣のための駅としても名高く、この駅に最も多くの人が集まるのは初詣のシーズン。山手線

尖塔を持つイギリス風の木造駅舎は原宿のシンボル

外回り線のみに接する明治神宮直結の臨時ホームは、正月に限って使用される。代々木公園は文字通りの東京都民の憩いの場だ。

原宿駅は違う顔も持つ。東京の流行を牽引するファッションタウンとしての玄関口としてのそれである。もとは明治神宮への参拝路であった表参道は流行に敏感な若者たちが闊歩する最先端の街となり、原宿駅竹下口から通じる竹下通りもまた、表参道よりはいくらか若い世代を中心に（というか修学旅行のメッカ、今でもそうなんでしょうか）たいそうな賑わいである。

そうした原宿の町の中心にあるのが原宿駅である。開業したのは明治39年（1906年）。この原稿を書いている時点での駅舎は大正13年（1924年）に完成した山小屋のような木造駅舎だ。駅舎があるのは表参道側で、表参道口と名乗る。1面2線、島式のホームからは階段を登って跨線橋を渡り、スロープを降って古い駅舎の改札口へ。1日に10万人以上が乗り降りする駅にも関わらず、自動改札はわずか6基。そこに行くまでの通路も人の多さに対してはいささか狭苦しく、左側通行というルールがかろうじて通路の安全を保っているといっていい。

大正時代の木造駅舎が現役であることは東京都内の鉄道駅にしては実に珍しい。正確なところはわからないが、どうやら東京最古の木造駅舎らしい。ただ、この駅を使った人ならば誰しも感じたことのある通り、さすがに狭すぎる。来たるべきオリンピックでますますたくさんの人が利用することを考えれば、危険といってもいいく

大きな建物が新しい原宿駅舎。奥に小さな現在の駅舎が見える

明治神宮参詣客をいかにさばくか

らいだ。そういうわけで、駅舎を出た先にある神宮橋に面して目下新駅舎が建設の只中。令和2年（２０２０年）3月21日から供用開始予定だ。ガラス張りの大きくて現代的な駅舎で、改札口やコンコースも拡張されて狭さは解消されるという。

さらに大きな変化となるのは、今まで臨時であった明治神宮参拝用のホームが外回り専用として常設化し、既存の島式ホームは内回り専用に変更されること。これによってホーム上の混雑もだいぶ緩和されることになりそうだ。そして旧駅舎は今後解体される。

ところで、この消えゆく木造駅舎はどのような経緯でできたのだろうか。実は歴史を紐解くと、今では手狭になっていた駅舎も、最初は多数の明治神宮参詣客をさばくためという目的で新設されたものであった。

明治39年に原宿駅が開業した3年後に陸軍の代々木練兵場が完成。当初はこの練兵場へのアクセス駅という意味合いが強かったようだ。駅の場所も今より代々木寄り、宮廷ホームのあたりにあった。それが大正9年（１９２０年）に明治神宮ができるとそこへの参詣客のための駅に性質を変える。明治神宮鎮座祭が行われた大正9年11月1日の原宿駅は大混雑に見舞われた。当日は折り悪く雨降りだったようで、翌日付の東京朝日新聞には「省線の開通後 空前の大混乱 雑踏の中心は原宿驛 雨に悩む悲惨な群衆」という見出しが載っている。なお、表参道が整備されたのもこの明治神宮にあわせたものである。

以降も明治神宮への参詣客は少なくなく、そこで参詣の便を図るべく明治神宮にほど近い場所に駅舎を移して建てられたのが件の木造駅舎。当時の新聞には「山手線の停車場中空前の大きい建物」とあるから、今は狭くても当時は広くて立派な駅だったのである。ただそれも早々に手狭になって、昭和15年（１９４０年）元旦に臨時ホームがお目見えしている。ちなみに、原宿駅も戦時中には米軍の空襲に見舞われたが、周囲が焼け野原になる中で駅舎だけが5発の焼夷弾を食らってもいずれも不発に終わって無事だったとか。神域に接する駅だけに、不思議な力が宿っていたのかもしれない。

練兵場跡のワシントンハイツが原宿に〝アメリカ文化〟を吹き込んだ

原宿駅には表参道側の駅舎とは別にもうひとつ出入り口があって、そちらはホーム中程の階段を降ってゆく。これまたお世辞にも広いとは言えないホーム下の通路を抜けて改札口に出るのだが、その名も竹下口という。その名の通り、駅前の交差点を渡った先には竹下通りが伸びている。渋谷よりの表参道口駅舎は地上にあって、ホーム中程の竹下口は盛土の下に設けられた半地下という構造は、このあたりの地形が起伏に富んでいるためである。

もうひとつ、さらに代々木よりに足を伸ばせば原宿駅には皇室専門ホームがある。宮廷ホームとも呼ばれるこのホームはもちろん皇室専用でいかにもそれらしい設え。お召し列車の運行のために作られたもので、大正14年（1925年）に完成している。一番最初にこのホームを使った天皇は大正天皇。大正15年（1926年）8月に葉山御用邸に向かう際にこのホームからお召し列車に乗り込んだ。ところが大正天皇はこの年の暮れに静養先の葉山で崩御。霊柩列車に乗って宮廷ホームに帰ることになってしまった。

ほんらい、この地に宮廷ホームがあるのは山手貨物線に接しているという点が大きい。山手貨物線はもとは貨物専用だったので列車の本数が少なく、お召し列車運行の余裕も充分にあった。ところが、近年では埼京線や湘南新宿ラインの列車が山手貨物線を通るようになり、運行頻度は本丸の山手線にも引けを取

木造駅舎側は高架だが竹下口は盛土の下に

らない。そうした事情もあってか平成13年（２００1年）を最後に原宿駅宮廷ホームは一度も使用されていない。

そうしたわけで、原宿駅は戦前は練兵場と明治神宮へのアクセス駅という位置づけであった。宮廷ホームが設けられたあたりも、そうした〝皇族の駅〟という意味合いを強くしたであろう。

ところが戦後になって様相は大きく変わる。代々木練兵場はＧＨＱに接収されてワシントンハイツとして生まれ変わる。ワシントンハイツには主に米軍の将校とその家族が暮らした。むろん明治神宮参詣のための駅という位置づけは変わらなかったであろうが、加えて米軍の将校とその家族がやってくる町にもなったのである。原宿の町にはアメリカ人が当たり前のように闊歩するようになり、必然的にアメリカ文化が町の中に息づいた。

そして昭和39年の東京オリンピック。原宿にアメリカの風を吹かせたワシントンハイツは日本に返還されて選手村、国立代々木競技場や国際放送センター（のちのＮＨＫ放送センター）に生まれ変わった。原宿駅周辺の道路も大きく拡張され、表参道には外国人向けの飲食店などがいくつもできたという。原宿駅前に神宮橋と並んで山手線をまたぐ五輪橋は、このときに代々木競技場へのアクセスのために設けられたものである。外国人の観客が多くやってくるし、選手村周辺を闊歩する選手たちのサインを求める人も集まった。戦後からのアメリカ文化が息づく中でのオリンピックというインパクトは、原宿をすっかりそうした町に変えていったのである。

昭和47年（１９７2年）に地下鉄千代田線の明治神宮前駅が開業。昭和52年（１９７7年）には表参道の原宿駅前から青山通りまで２・２㎞にかけて休日に車両進入が禁止される、いわゆる歩行者天国がスタートする。原宿のホコ天名物「竹の子族」が現れたのもこの頃である。ラジカセでディスコサウンドを流しながら路上で踊る、１９８０年代の若者文化を象徴するアレだ。昭和52年には竹下通りの原宿竹下通り商店会が発足するなど、この時代に「若者の町・原宿」はすっかり定着していった。

こうして原宿は流行の最先端をゆく町になった。この雰囲気は今も変わらず、店の移り変わりはあっても若者が多く集い新たな流行が生み出される町であり続けている。平成10年（１９９8年）に表参道の歩行者天国が廃止され、竹の子族が踊って騒ぐような賑やかさは少しなくなって落ち着いた雰囲気が強まるが、それでも大きな方向としては変わっていないといっていい。

ファッションの町だとかブランドショップの町だとか若者の街だとか、いろいろな言われ方はするが、原宿駅が山手線の駅の中でもとりわけ若い世代の利用が多いということは事実であろう。そうした中でも初詣参詣客数日本一を誇る明治神宮の存在感は変わらない。そのあたりもいかにも日本的で、ひとつの駅がいくつもの顔を持つという原宿らしいところだ。

それにしても、原宿駅はとにかくオリンピックに翻弄されてきた駅である。昭和39年のオリンピックでは表参道の拡張などで今の原宿駅前の雰囲気が形作られて、代々木競技場や選手村の最寄り駅となった。令和2年のオリンピックでは100年近くこの地で踏ん張り続けてきた木造駅舎が建て替えられて新駅舎に生まれ変わる。オリンピックが終わって数年後、いったい原宿駅とその町はどのような雰囲気になっているのだろうか。

はらじゅく

【所在地】東京都渋谷区神宮前
【構造】地上駅
【開業】明治 39 年（1906 年）10 月 30 日
【接続路線】東京メトロ千代田線・東京メトロ副都心線
【山手線ホーム】1 番のりば（内回り）、2 番のりば（外回り）
【1 日平均乗車人員】75,341 人（山手線中 21 位）

ダイナミックな立体交差が生んだ、山手線と中央線各駅停車の乗換駅

JY 18

代々木

駅舎の背景にはドコモタワーが凜と建つ

代々木の中心はどちらかと言えば原宿駅周辺!?

原宿駅の次は、代々木駅である。代々木駅があるのは東京都渋谷区代々木一丁目。代々木駅と名乗っているのだから当たり前だとすんなり受け取ってしまいそうなところだが、よく考えてみれば代々木という名はむしろ原宿駅の周辺でよく目にした。例えば代々木公園がそうであるし、オリンピックの舞台となる原宿駅近くの競技場も代々木という名を冠する。つまり代々木駅はむしろ代々木と名乗ってもせいぜいその端っこに設けられたに過ぎない。

歴史をたどっても代々木村は代々木公園や明治神宮付近のことで、代々木駅付近は千駄ケ谷町の一帯に含まれていたくらいだ。余談ではあるが、明治神宮のあたり、江戸時代には井伊彦根藩の屋敷であった場所にモミの大木があって旅人の目印になっていたという。代々木という地名は、このモミの大木が由来である。

ともあれこのように駅名と地名が互いに正しく連結していない例は、品川駅や目黒駅でもそうであったようにさして珍しいことではない。だから東京の人には慣れっこであっても、観光などで訪れた人にとってはややこしいことこの上ない。似たような例に浅草と浅草橋駅、神田明神と神田駅などがあって、だ

いたいそれぞれの駅には「神田明神へは当駅ではなく御茶ノ水駅をご利用ください」といった注意書きがある。代々木駅では見たことはないが、おそらく競技場でのイベント時には似たような案内をしているのだろう。

原宿駅を出発した山手線は、左手に明治神宮の森をやり過ごして右手から中央線の線路が大きくカーブして合流してくると代々木駅に着く。中央線は千駄ケ谷方面から勇躍高架でやってきて、山手貨物線と山手線の間に強引に割り込んでくる。山手線は代々木駅に入るあたりまで高架だが、貨物線は一足先に地上に降りて東側に膨らんで中央線が割り込む余地を与えている。

このダイナミックな立体交差は、すなわち代々木駅の本質といっていい。立体交差の結果、代々木駅は中央に1面2線の島式ホームがあり、それを相対式ホームが挟み込むような形になっている。この中央の島式ホームは、西側の2番のりばが山手線内回り、東側の3番のりばが中央・総武線各駅停車の下り列車が使用する。つまり、千駄ケ谷方面から渋谷方面に向かおうとする場合、代々木駅の真ん中にある島式ホームで対面乗り換えができるのだ。

中央線は千駄ケ谷から渋谷方面にはそっぽを向いて新宿を目指して北に大きくカーブしてしまう。だから特に中央線快速に乗ってしまうと、渋谷に行くためには四ツ谷から新宿まで行ってそこで改めて山手線に乗り換えねばならない。ところが、あえて各駅停車に乗って代々木駅で乗り換えれば面倒な階段の上り下りもなく楽に渋谷方面に向かうことができる。これはいくら言葉で説明しても通じにくいだろうが、体験すれば実にありがたい。山手線と中央線がぶつかる代々木駅の乗り換え機能は意外に侮れないのである。

いずれにしても、東京駅からおおむね東京の中心を短絡して走ってきた中央線と城南方面をぐるりと半周してきた山手線がこの代々木駅で邂逅を果たす。ほとんど新宿駅の一部のような場所にあるせいで軽視されがちな代々木駅であるが、そういう出会いの場所であると思えばなんだか特別な駅であるような気がしてくるのだがどうであろうか。

中央線と山手線の出会う駅という点では、代々木駅がいったいどちらの駅なのかという疑問が出てくる。もちろん現実的には中央・総武線各駅停車の駅であり、山手線の駅でもある。この区間にホームも持たずに通過していく埼京線や湘南新宿ライン、中央線快速の駅でないことだけは間違いないが、中央線の駅か山手線の駅かを決めることなどあまり意味がないように思える。

東口。山手貨物線の下をくぐる階段はかなり急だ

細かいことをいえば、わが国の鉄道路線が網羅されている『鉄道要覧』を開くと山手線が品川〜田端間、中央線が神田〜代々木・新宿〜塩尻（ＪＲ東日本管内のみ）とある。正式には鉄道路線は重複しないのが原則なのでこういうことになる。その観点で言えば、代々木駅は山手線の駅だと主張してもよさそうだ。だいいち、代々木駅付近にはじめて鉄路を通したのも日本鉄道、すなわち山手線である。

ただ、歴史をたどるとこの駅は中央線の駅であると言わざるを得ない。

山手線が品川線という名で日本鉄道によって開業した明治18年（１８８５年）当時、ここに駅は設けられていない。新宿駅がすぐ北にできたから、あえて代々木駅を設ける必要などなかったのであろう。

中央線が開通するのは明治27年（１８９４年）のことで、このときは私鉄の甲武鉄道の路線であった。ただ当時駅は設けられず、明治37年（１９０４年）の甲武鉄道電化の際も、明治38年（１９０５年）の山手線複線化の際も、代々木駅が設けられることはなかった。代々木駅の開業は明治39年（１９０６年）９月23日。その時も甲武鉄道の線路際のみに代々木駅が開業し、山手線側にはホームすら設けられなかった。これでは「代々木は山手線の駅である」と胸を張ることは到底できまい。山手線が代々木駅に停車するようになったのは明治42年（１９０９年）の暮れ。現在の駅構造になったのは大正14年（１９２５年）のことである。

代々木と言えば予備校か、それともあの政党か……

代々木駅はその東側にノッポなＮＴＴドコモ代々木ビルがシンボリックにそびえており、少し北に歩けばタカシマヤタイムズスクエアがあって、そのまますぐに新宿駅に着く。ホームとこれらの施設の間には中央線や山手貨物線の線路が広がってい

ることもあって、比較的広々とした印象を抱く。

対して、西側は線路と並行している道路との間に雑居ビルがぎっしりと並び、その道路の向こう側も雑居ビルが林立している。すこし西に離れれば住宅地の様相になってくるが、代々木駅前という点ではほとんどが新宿の延長のような雑居ビルの町である。駅前にはファーストフード店や居酒屋が建ち並び、比較的規模の小さなオフィスも入っているようなビルも多い。まあつまるところごちゃごちゃとした繁華街とオフィス街のあいの子のような性格を持っている。代々木といえば予備校の代々木ゼミナールを思い浮かべる人もいるだろうが、予備校生たちも代々木駅を特徴づける存在と言えるだろう。

そんな代々木駅の正面の出口は西口にある。ホームの南端に設けられた階段を降りた先の地下通路で西口駅舎につながっている。通路には「JR代々木駅マスコットついに決定!!」などというポスターが貼ってあった。「よよたん」らしい。が、さすがにどうでもいいので先へゆく。

ホーム下のこの地下通路は反対の東側に向けても細く伸びており、独特のカーブを描く屋根や扇形に広がる木製の垂木が印象的な東口。いかにも人通りが少なく〝裏口〟といった趣が強いが、駅を出てすぐにコンビニもあるしドコモタワーもあるから、今では裏口というほど利用者が少ないわけではなさそうである。少しもったいないと思うのは代々木駅には東西を結ぶ自由通路がないことだ。が、駅舎を出てすぐ南側に高架下をくぐるガードがあるから、たいした問題でもない。

そして代々木駅には新参といえるもうひとつの出入り口がある。それは北口で、ホーム中程に古くからあった乗り換え用の地下通路を延長する形で西側に出る。平成12年（2000年）に完成したもので、都営地下鉄大江戸線の開通にあわせて設置された。線路に沿った道路沿いの雑居ビルのひとつにそのまま

都営大江戸線開通にあわせて誕生した北口

駅のすぐ南には貨物線の踏切が。奥には共産党の本部も見える

直結するようなスタイルで、外看板にはＪＲ東日本と東京都交通局双方のロゴが刻まれている。いわば共同使用駅のような設えなのである。

代々木駅をめぐる特徴のひとつに、乗り換えの便を確保してくれている2・3番のりばの島式ホームにおける段差がある。これは中央線が山手貨物線を跨いでやってくるという立体交差によるものだ。3番のりばを使っている中央線各駅停車の線路も、新宿駅方面から立体交差して外回り線路を跨いでくるから、2路線の立体交差路線が代々木駅のホームでぶつかる構造。ただ、完全に両路線が同一レベルに達する前に代々木駅に着くから、それがホーム上の段差を生んでいる。できることなら段差をなくしてバリアフリーといきたいところなのかもしれないが、ホームのスペースも狭隘なのでそれはかなわない。足元注意の標識と段差部分に設けられている転倒防止の柵によって、いちおうの安全は確保されている。

このようにホーム上に小さな段差があるとはいえ、おおまかにいえば中央・総武線各駅停車と山手線は似たような高さを通る。ところが、さらに東側を走っている山手貨物線はこの区間で一段低い地上を走る。代々木駅という点ではそもそもホームがないからさほど問題ではないが、駅のすぐ南にあるガードに問題が生じる。問題と言うほど大げさではないかもしれないが、中央線や山手線は高架下のガードをくぐれば済むところ、山手貨物線だけ踏切になっているのだ。

山手線には踏切が1つしかないことはよく知られている。では山手貨物線はどうかというと、3ヶ所だけ踏切がある。目黒～恵比寿間の長者丸踏切と、この代々木駅のガード下の踏切、そして山手貨物線が中央線の高架複々線をくぐったすぐ先の踏切である。今や山手貨物線といえども埼京線や湘南新宿ラインが走る高頻度運転の路線だから、開かずの踏切とまでは言

わずともなかなか閉じている時間の長い踏切のひとつと言えるだろう。代々木駅は山手線には珍しく、〝踏切のある駅〟といっていいかもしれない。

最後に、この踏切に関してちょっとしたエピソードを披露しよう。「代々木」はかつて日本共産党の代名詞として使われていた。その理由はすぐ近く(中央線と山手線に挟まれた三角地帯のような場所)に日本共産党本部ビルがあるためである。で、その共産党の本部のビルは平成17年(2005年)に建て替えられた日本の政党では最大規模のものだという。この建て替え工事に際して、近隣からの要望もあってトラックの入構は明治通り側からに限定、代々木駅西口方面から入れることはしなかったという。途中に件の踏切があるため、工事用車両が次々にやってくるとすぐに踏切渋滞を巻き起こすから。やはり、踏切はないほうがいいのである。

よよぎ

【所在地】 東京都渋谷区代々木
【構造】 高架駅
【開業】 明治 39 年(1906 年) 9 月 23 日
【接続路線】 中央総武線各駅停車・都営大江戸線
【山手線ホーム】 1 番のりば(外回り)、2 番のりば(内回り)
【1 日平均乗車人員】 70,479 人(山手線中 23 位)

昭和39年以来新宿駅の正面駅舎の地位を貫く

SJK
JY
17

新宿

「世界一」の実感がないことに新宿駅の本領があり

1日の乗降人数、なんと350万人超!

新宿駅は、世界一のターミナルである。

JR東日本の発表している1日の平均乗車人員は78万9366人(平成30年度)。もちろん日本一の数字だ。加えて新宿駅に乗り入れている私鉄や地下鉄を含めれば、1日の乗降人員は350万人を超えるという。こんなにたくさんの人が使う駅など世界のどこにもない、というわけである。

世界一、と言われてもいつも使っている人にするとそうした実感はないかもしれない。なぜならば、すっかり新宿駅の人の多さに慣れてしまっているからであろう。

だいたい、新宿駅は利用者数の多さに合わせて規模も大きい。南口のコンコースは広大だし、東西の改札口を結んでいる構内の地下通路も二本ある。それぞれのホームも、まあラッシュ時には多少人の滞留に悩まされることもあるにせよ、それなりに充分なスペースを持っている。

それに東京はどの駅に行っても人が溢れかえっているから、新宿駅だけ人が多いというわけでもない。駅の大小、利用者の多少はあれど、どこに行ってもそれ相応にお客だらけなのだ。そういう意味では新宿駅だけが突出しているわけではない。

それでもやはり、世界一と聞かされればいくらか誇らしい気持ちにならないこともない。特に筆者にとっては、新宿駅は山手線の中でいちばん利用する機会の多い駅である。もっとも、それは中央線ユーザーであるからで、新宿駅で山手線に乗ることがどれだけあるのかと問われると答えに窮してしまうのだが、まあそれでもいつも使っている日常の中にある駅が世界一だというのは嬉しい話題のひとつではある。

ただ、だからといってそれは新宿駅が好きである、ということにもならないのが難しい。だいたい、本書の冒頭でも書いたとおり山手線に乗りたくて乗っている人はほとんどいない。その中でお客がいちばん多いという新宿駅も、「新宿駅に来たくて来ている」などという人はますます少ないのではないか。新宿駅の周辺に職場があるとか、買い物や遊楽の目的地があるとか、または他路線に乗り換えるために使っている。それが本当のところだろう。

特に新宿は通勤客が多い。東口側は歌舞伎町も背後に控える大歓楽街になっているが、それでも日中に見かける人は大半がビジネスマンである。そんな彼らのために、JR東日本は駅構内にコワーキングスペースまで作ってくれた。職場を目指して新宿へ行き、外回りの途中の諸連絡などの作業も新宿駅のコワーキングスペースで。実にありがたいというか、ホンネを言えばそこまでして仕事なんてしたくない気もするけれど。

とにかくそういう意味で、思い入れとか愛着はいくらか持っていても、新宿駅に対する関心があるわけでもないし複雑で時間を要する乗り換えに文句のひとつやふたつ、言いたくなる。新宿駅に対するユーザーの思いというのはそんなものである。だから、と結びつけていくのは多少強引かもしれないが、新宿駅を日常的に使っている人でも新宿駅を知り尽くしている人は意外に少ないのではないかと思っている。新宿駅のようにでかすぎる駅だと、いつも利用する場所がだいたい固定されてくるのだ。

例えば京王線からJRへの乗り換えで使っている人は、ほとんどが連絡通路を通るばかり。東京メトロ丸ノ内線ユーザーは東口から地下鉄の改札口のある地下通路あたりを日夜歩くことになる。他の場所に行くことはほとんどないであろう。

そうなると新宿駅を使うお客はそれぞれの専門を持ち、そこにおいては目をつぶっても乗り換えたり目的地に行くことができるほどに精通するが、逆に専門外のエリアはまったく詳しくないということになる。詳しくないというよりは関心がないというほうが正確だろうか。

確かに、南口ユーザーにとっては東口方面には新宿通りの地下に長大な通路が伸びていて、さらに靖国通り地下のサブナードという地下商店街にもつながっている……などという知識はまったく無用である。たまに専門外のエリアを利用する必要が生じても、そのときは案内表示を見ながら歩けばなんとかなるので、わざわざ専門外エリアに関心を抱くこともないのだ。

結果、新宿駅はほとんどのお客にとって全貌を掴むことができない、謎多きターミナルになってしまうのである。

ならばここで、なんとか新宿駅の全貌を詳らかにしてみようと思う。

新宿駅のような巨大な駅を知るためには、まず「正面」がどこかを決めるのがわかりやすい。その正面口を中心に駅は拡大していくのだから、新宿駅にしても正面を探すべきである。むろん、今の新宿駅はどこの出入り口をとっても正面というに足る立派な面構えをしているが、その中から新宿駅の真髄に近い正面はいったいどこなのかが問題となる。

その答えは、歴史に頼ると東口である。

山手線のホームから東口に出るには、ホームの中程から北側にかけての階段を降りて地下通路を歩けばよい。改札口は中央東口と東口という2ヶ所に分かれているが、どちらもルミネエスト新宿という駅ビルの地下1階に通じている。この駅ビルは昭和39年（1964年）5月18日に完成した駅舎で、いわゆる民衆駅としてつくられた。当初は新宿ステーションビルと名乗り、昭和53年（1978年）には全館改装して「マイシティ」と改めている。現在のルミネエストになったのは平成18年（2006年）だから、マイシティという呼称を覚えている人も少なくないだろう。

で、この東口が正面であるということにより説得力を増すためには、もっと歴史を遡らねばならぬ。グーッと時計の針を巻き戻し、新宿駅が開業した明治18年（1885年）3月1日。甲州街道と青梅街道が分かれる内藤新宿という町から少し離れた現在地に新宿駅が開業したとき、小さな駅舎は東口あたりに設けられていた。つまり、新宿駅は東口からはじまった。そして今も東口に立派な駅ビルを持つ。

ついでに言えば駅の事務室などがあるのも東口で、のりばの番号も東側から順番である。おかげで、新宿駅開業時の唯一の路線であった日本鉄道品川線の系譜を引く山手線はもっとも番号の大きいのりばを与えられることになってしまったが、ともかくこうした点からも東口が正面であることに異論の余地はないであろう。

新宿という町の広がりを見ても東口は正面である。改札口から階段を登って駅ビルの外に出ればご存知アルタ前広場。アルタ前というのは『笑っていいとも！』（フジテレビ系）で定着したネーミングであって、鉄道の観点からは新宿駅東口駅前広場とでも呼ぶのがいいだろう。

そしてその前を通る新宿通りに沿って、新宿三丁目方面に向かって高野フルーツパーラーやら中村屋やら紀伊國屋書店やら、そして伊勢丹にマルイ。「ザ・新宿」とも言うべき商業施設が軒を連ねている。さらに新宿三丁目から少し行けば内藤新宿、すなわち江戸時代からの新宿の中心にも出る。今やその面影はほとんど残っていないが、やはり新宿駅の正面は東口にほかならないということをご理解いただけただろうか。

線路の上の人工地盤で拡張した南口側はＪＲ東日本本社のお膝元

これだけでは決して新宿駅の全貌を明らかにしたことにはならないから、他の出入口も見ていかねばならぬ。そうなると、次いで注目すべきは南口である。

実は新宿駅の駅舎は、一時期東口から南口に移っていたことがある。明治18年の新宿駅開業から4年後の明治22年（１８８９年）に甲武鉄道が乗り入れる。現在のＪＲ中央線である。これによって利用者が増えて、駅拡張という点では明治30年（１８９５年）に駅の西側の岩倉家（このときすでにこの世を去っていたが、岩倉具視の家である）の所有する庭園を取り壊して駅の敷地としている。これは西口側の話なので少し横道ではあるが、こうして新宿駅の拡大は最初期から始まっていたのだ。

南口の話に戻ると、現在の南口方面に駅舎が移転したのは明治39年（１９０６年）。甲武鉄道はその2年前に電車の運転を始めており、さらに山手線側も複線化の計画が

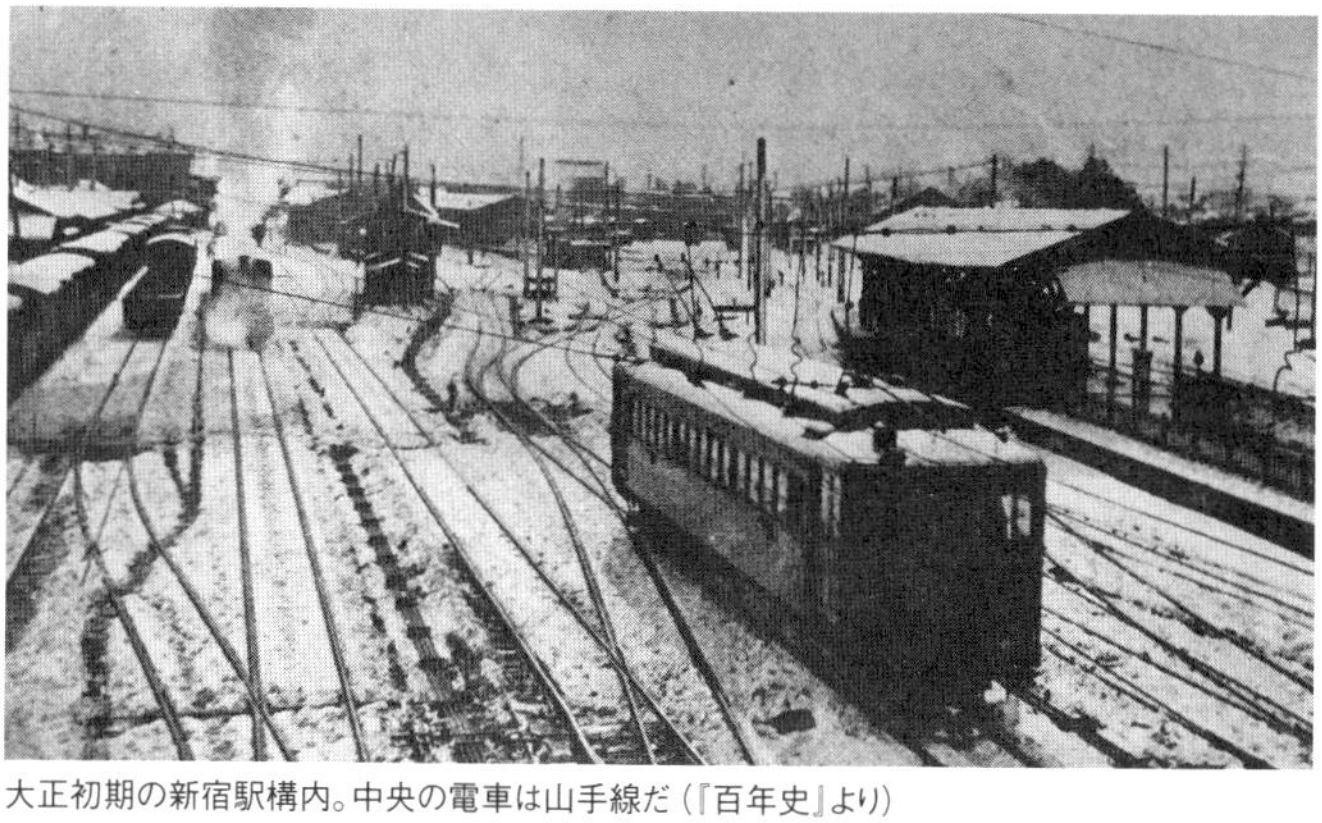

大正初期の新宿駅構内。中央の電車は山手線だ（『百年史』より）

現在の南口。線路をまたぐ甲州街道に面する

あった。そうした状況下で新宿駅の大改造を行うことになり、日本鉄道と甲武鉄道をそれぞれ島式1面二線のホームとしてさらに機関庫や電車庫、貨物ホームなどを新設。そして駅舎を甲州街道沿いに移転したのである。南口のはじまりというと、この時点といっていいだろう。

なおこのときに東口側が放棄されたわけではなくて、甲武鉄道には青梅街道・甲州街道それぞれに近い2面のホームが設けられている。山手線には関係ないのだが、この時点で新宿駅の甲武鉄道には2つのホームがあり、それぞれに停車するという斬新な運行スタイルだったようだ。もっと言えば、新宿駅はひとつの駅ではなかった、ということになろうか。昔から新宿駅は広すぎるのだ。

このときにできた南口駅舎はしばらく普通に使われていたが、大正14年（1924年）に東口に三代目の駅舎が完成すると甲州口という名の小さな駅舎に縮小される形で役割を終えている。駅の正面が一時的に甲州街道沿いに移ったが、20年弱で東口がその立場を取り戻したのであった。このときの三代目駅舎が建て替えられて生まれたのが現在の東口駅舎なので、実に40年間使われている。以来、一貫して新宿駅の表玄関は東口であり続けている。

では、甲州街道側はどうなったのか。かいつまんで言えば、質素な甲州口の駅舎は昭和36年（1961年）に火災で全焼、2年後に再建されて現在につながっている。そして今では甲州街道のさらに南側の線路の上にまで広がって、甲州街道口などという他の出入口にも引けを取らない立派な駅舎が建っている。駅舎の上にはバスターミナル（バスタ新宿）があり、コンコースからはミライナタワーなるオフィスビルにも直結。さらに線路上のデッキを少し歩けばJR東日本の本社ビルまで鎮座している。渋谷駅を東急の城と表現するならば、こちらはさながらJR東日本の城、直轄地といった趣である。

このあたりには以前、新南口とかサザンテラス口などという小さな出入り口がいちおうのようにあって、タカシマヤタイム

甲州街道改札。駅舎の上にはバスタ新宿、お隣にはミライナタワーも

ズスクエアにつながっていた。今もタカシマヤは健在だが、この敷地はもともと新宿駅の貨物用エリアを転用したものである。

　というわけで、新宿駅が甲州街道側に対してこれだけ規模を拡大したのは随分最近のことなのである。やはり新宿駅の利用者の異常な増加も原因だろうし、文字通りJR東日本本社のお膝元という事情も関係しているのだろうか。いずれにしても、平成28年（2016年）にお目見えした甲州街道沿いの新駅舎は、新たな新宿のシンボルたる存在感を放っている。

　ここまで見てくれれば、残るのは西口ということになる。西口は戦前には専売公社の工場や淀橋浄水場がある程度で、今とはまったく姿が違っていた。専売公社の工場への通勤客で混雑したようなこと

遅れて発展した西口は巨大なロータリーと私鉄系百貨店のターミナル

構内は自由通路を設ける工事が進む。時間限定の通路も

はあったようで、青梅口という小さな出入り口も設けられていた。ただ、あくまでも工場側の、すなわち〝駅裏〟に過ぎなかったと見ていいだろう。

それが一変したのは、昭和2年（1927年）の小田急線開業。小田急線は山手線の西側に並ぶようにしてターミナルを設けた。さらに戦時中には甲州街道を渡って新宿追分まで走っていた京王線も西側に移転する。そうして戦争が終わって復興計画の段階になると、西口は小田急・京王による〝私鉄ターミナル〟として形成されていくことになった。

現在の新宿駅西口は地上と地下の2層構造になっている小田急線ホームとそれを覆う小田急百貨店、そしてその傍らに京王線地下ホームを備える京王百貨店。いずれも私鉄のターミナルデパートになっている。駅前広場はこれまた上下2層の広大な広場。山手線に（すなわちJR線に）乗るためには一度小田急百貨店の中に入って地下に降りるか、駅前広場から新宿西口地下広場に降りてから小田急百貨店の中を通って行くことになる。だからなのか、西口駅前にはJR仕様の駅名看板は掲げられていない。

この私鉄ターミナルとしての西口が完成したのは、東口の現駅舎とほぼ変わらない時期である。西口広場は昭和41年（1966年）に完成している。ちなみにこの西口の地下広場は当時盛んだったベトナム反戦運動の舞台となり、毎週末のように若者が集いフォークソングを歌い、反戦を訴えたという。昭和43年（1968年）と翌年には新宿騒乱事件や反戦フォークゲリラ事件、国際反戦デー闘争などが発生し、鉄道の運行にも影響を与えている。

ともあれこのように西口はいかに立派な広場を備えていようとも、山手線の新宿駅という観点からは正面とは言い難い。あくまでも私鉄ターミナルとしての新宿駅なのである。国鉄・JRの東口と私鉄の西口。これが互いにうまく連絡していないと

いうのも、歴史的にはやむを得ないと思える。新宿の東西の連絡は駅の北にある地下通路を通るか、地上では大ガードか角筈ガード。もしくは南口側をぐるりと回って甲州街道を経由するか、といったところで実に不便である。

いちおう、東口ユーザーが京王線や小田急線を利用する場合はＪＲの改札内を通過することができるようになっているのだが、それもやむなくの配慮であろうことは想像に難くない。

この東西連絡の難は、令和２年度（２０２０年度）中にはどうやら解消されるようだ。ＪＲ東日本が新宿駅構内に自由通路を建設している。建設と言っても新設というよりはもっとも北にある改札内の通路を自由通路として、その中央に改札口を設けるという。そうなれば、新宿駅の東西はだいぶ統一されることになりそうだ。

しんじゅく

【所在地】 東京都新宿区新宿
【構造】 地上駅
【開業】 明治 18 年（1885 年）3 月 1 日
【接続路線】 東中央線・中央総武線各駅停車・湘南新宿ライン・埼京線・小田急小田原線・京王線・東京メトロ丸ノ内線・都営新宿線・都営大江戸線
【山手線ホーム】 14 番のりば（内回り）、15 番のりば（外回り）
【1 日平均乗車人員】 789,366 人（山手線中 1 位）

現在は新駅舎に建替え中。が、完成しても混雑が解消される気はしない

JY
16

新大久保

大新宿のお隣は、小さな駅舎に溢れる人並み、エスニックタウン

山手線の駅の中でもとりわけ珍しい存在

新宿名物の大ガードで靖国通りを渡った山手線は、日本一の歓楽街・歌舞伎町の横を抜けて北にゆく。横を抜けると言っても、線路と歌舞伎町の間には西武新宿駅とプリンスホテルが建っているし、そもそも山手線は複々線の線路のいちばん西を走る。だから歌舞伎町の横を抜けて走っているという印象はさほど抱かない。そしてその間に西側に中央線が分かれていって、歌舞伎町の北の境界を成す職安通りを渡ればほどなく新大久保駅に着く。

新大久保駅は、山手線の駅の中でもとりわけ珍しい存在である。

珍しいところをいくつか挙げるとすれば、たとえば山手線の駅の中で他の路線といっさい接続していない単独駅は新大久保駅のほかに目白駅だけである。また、「新」を冠する駅名を持つのは新大久保駅ただひとつ。ヘリクツのようなことを言えば新橋駅や新宿駅があるじゃないかということになるが、新横浜とか新大阪とかそういう類の「新」では紛れもなく新大久保駅だけである。「新」のつかない大久保駅はすぐ西側、徒歩でも５００ｍほどの場所にある中央線（各駅停車）の駅だ。

まだある。今やすっかりおなじみになった発車メロディ。お隣の高田馬場駅

駅前の大久保通り沿いの様子はご覧の通り

は高らかに『鉄腕アトム』のテーマが鳴り響いて電車が出発する。こうしたご当地メロディの例に限らず、ほとんどの駅では心地よくも焦らせるメロディが流れる。ところが新大久保駅は頑なに昔ながらの発車ベルを使い続けている。軽やかなメロディとは違ってジリリと鳴るベルは切迫感があって耳にもうるさいのだが、一方で懐かしくもある。まあこんなことで御託を並べても仕方がないが、発車ベルを使い続けるあたりに新大久保駅の〝山手線単独駅〟としての意地のようなものを感じるのであった。と、ここまではあくまでも細かい話。本題はこれからだ。

新大久保駅の何が特徴的であるかと言うと、その駅の周りの様相である。山手線の駅は、新宿や渋谷、品川などといった大ターミナルと比べて小さい駅であっても、それはあくまでも比較の問題に過ぎない。腐っても山手線、駅舎はそこそこ立派で場合によっては商業施設の入った駅ビルがあったり、それがなくとも駅前にはロータリーとか駅前広場があるものだ。駅前だけでも広々とした空間が設けられているものだ。

ところが新大久保駅はまったく違う。シンプル極まりない高架島式1面2線というホームから階段を降りて工事中の駅舎に出て改札口を出ると、ほとんど駅前広場の余地なんて与えられずに目の前に大久保通りが通っている。そしてこの大久保通り沿いは駅の存在感を消してしまうほど多くの飲食店や雑貨店などが連なっていて、クルマ通りも人通りも実に多い。

クルマはともかく新大久保の駅前を歩く人たちのほとんどは、この町に暮らしているというよりはエスニックな香りが強い大久保の町を楽しみにやってきている人ばかりであろう。

大久保は日本を代表するコリアンタウンとして知られていて、韓流ブームの折にはさながら大フィーバーとなった。今では単なるコリアンタウンと言うよりはあらゆる国籍の人がそこで暮らして商売を営み、さらには町のどこかに居を構えて暮らし、もっと言うと夜な夜な路地の端っこに立って客を呼び込む立ちんぼのようなことをしている人もいる。飲食店はやはり韓国料理店が多いが、それだけでなくあらゆる国の料理がこの町で食べられるし、そうした中にわが国の定番チェーン店もほとんど揃う、そうした町になっている。

とにかく新大久保駅前とその周辺は、おおよそ天下の山手線の駅前とは思えないほどごちゃごちゃ、ゴミゴミとした町を形成しているのだ。新大久保駅が山手線の駅にしては珍しい存在であるというのは、こうした点にある。

新大久保駅の駅舎に関して言えば、1面2線の島式で現在駅舎を建替え中とは言えこれ以上に書くべきところはあまりない。なので、この山手線らしからぬごちゃついたエスニックかつ猥雑ムードな駅前がどうして生まれたのかというところに絞って考えてみることにしたい。

戦前は文人墨客も暮らした閑静な住宅地、戦後に何があったのか？

新大久保駅と中央線の大久保駅、つまり「大久保」と呼称されるエリア一帯の地図を見てみる。桜美林大学や早稲田大学のキャンパスのあたり（このあたりは戸山と呼ばれる場所である）を北限に、南は職安通り、東は明治通り、西は小滝橋通りに囲まれたこのエリアは細い路地で区切られた南北に細長い区画がおおよそ規則的に並んでいる。

こうした明らかに人為的と思えるような区画は意外と東京には少ない。いったいいつからなのかというと、江戸時代からこのエリアはこうした区画に区切られたようだ。

ひとまとめに「大久保」と呼ばれる地の一部に、地名では百人町という場所がある。徳川家康が江戸に入府した16世紀末、江戸防衛のために家臣の内藤清成に同心百人を預けて鉄砲隊として組織し、鉄砲百人組を創設した。内藤清成自身は甲州街

大久保通りから南に入る道はどれもこの細さ

道の新宿追分付近に屋敷を構えて、内藤新宿という新宿駅開業までのこのエリアの中心地を生み出すきっかけとなったが、百人組は新宿の北側、現在の大久保のエリアに屋敷を得て、百人町の由来となった。大久保の細長い区画は、その当時の町割りの名残なのだ。

　明治に入ると百人組は無用の長物となって姿を消すが、変わって生まれたのが東京郊外の〝山の手〟の住宅地。明治から大正にかけて大久保は文人墨客が居を構えた。国木田独歩や林芙美子、西條八十、小泉八雲らもこの地に暮らし、さらにはドイツ人村も形成されてドイツの音楽家たちも多く大久保に住んでいたという（今にも続く「楽器の町」としての大久保のルーツである）。

　が、そんな文人墨客やドイツ人音楽家の暮らす町は、今の大久保のありようとは似ても似つかない。むしろ正反対といっていい。いったい何があったのか。

　きっかけは、戦争であった。

　戦争が終わると、かつて牧歌的な山の手の住宅地だった大久保は、すっかり焼け野原になっていた。終戦直後から鈴木喜兵衛によってはじまった歌舞伎町の建設は、かなり早い段階から台湾華僑や朝鮮人が関わっていて、そうした人たちがまず歌舞伎町に入り込んだ。新宿駅前に広がるヤミ市の影響も受けて歌舞伎町はあっという間に歓楽街へと発展してゆく。そしてその歌舞伎町に職を求めてやってきた人たちが、住まいとしたのが職安通りを隔てて北側にあったかつての山の手住宅地、焼け野原となった大久保であった。昭和30年までには大久保にはたくさんの安アパートが生まれ、全国、ないしは海外から職を得ようとやってきた人たちが暮らす町へと変貌していったのである。

さらに大久保には廃品回収業を営む朝鮮人集落が生まれ、中央線の高架下にも朝鮮人のバラックが建てられた。昭和25年（1950年）には山手線沿いにロッテの工場も誕生。ロッテは御存知の通り韓国人が創業した会社であり、とうぜん韓国人もその工場で多く働いた。このようにあらゆる人が集まる町は単に安アパートだけにとどまらない。日雇い労働者のための簡易宿泊所も現れはじめ、いわゆるドヤ街としての一面も持つようになった。

昭和30年代後半からは、歌舞伎町の北側のホテル街が職安通りをさらに越えて進出し、いわゆる〝連れ込み旅館〟の類も大久保に目立ちはじめる。今でこそある程度数は少なくなったものの、それでも大久保はお世辞にも清潔とは言い難い雰囲気をたたえた安ラブホテルがいくつもあるが、それはこうした時代の名残と言えよう。

こうして大久保は、コリアンタウンと呼ばれるように韓国人たちを中心としたエスニックな町に成長していったのである。こうした流れをもっとわかりやすく一言で言えば、国籍問わずあらゆる人が働く夜の街・歌舞伎町のおこぼれを頂いて猥雑な雰囲気をもらいながら発展したベッドタウンといっていいだろう。

新大久保駅と大久保駅というふたつの鉄道駅がその発展の中核にあったにせよ、鉄道駅の周辺を整備して、などという余地はこうした町にはほとんど生まれ得ない。次から次へと店が生まれては消え、消えては生まれる。あらゆる人が流入する町は出ていく人が多いから店も人もすぐに入れ替わる。数年前に行列を作っていた韓国雑貨の店が今では姿形もなくなって中華料理店になっていたりもするから、変化の激しさという点で新大久保周辺はピカイチであろう。

戦後の復興計画や再開発から漏れてしまった世界一のターミナルの隣駅というのは、良くも悪くも衛星駅のような位置づけとなるものだ。同じく代々木駅も新宿駅の隣駅であるが、あちらは新宿の上品な部分を受け持った衛星駅とすれば、こちらは下品な部分を受け持った衛星駅というと、さすがに大久保の人たちも気を悪くするだろうか。ただ少なくとも、歌舞伎町的な雰囲気をさらに濃縮したような空気が新大久保の駅前には漂っていることは間違いない。

結果、変わらないのは新大久保駅ばかりである。周囲は歴史に翻弄されて今も荒波のうねりの中にある。けれど、高架で島式ホームが1面だけ、小さな駅舎で変わりゆく猥雑な町を訪れる人を捌き続けている新大久保駅だけは変わっていない。そう思えば、発車メロディを導入せずにジリリとベルを鳴らし続けているのは、「変わり続ける町の中で変わらない駅」たる意地のようなものにも思えてくるのであった。

しんおおくぼ

【所在地】 東京都新宿区百人町
【構造】 高架駅
【開業】 大正３年（1914年）11月15日
【接続路線】 なし
【山手線ホーム】 １番のりば（外回り）、２番のりば（内回り）
【1日平均乗車人員】 51,438人（山手線中25位）

左が西武、右が山手。双方の駅舎はつながっている

山手線でこれ以上の「学生臭さ」が漂う駅はない

JY 15

高田馬場

多くの人の思い入れを残しているのはこの駅の他にない!?

新大久保駅とその周辺が、いくらゴミゴミとした猥雑でエスニックな町であると言っても、そうした沿線の風景は新大久保駅を出発して早々に過去のものとなる。沿線風景の移り変わりの激しさも、実に山手線らしいところだ。

新大久保駅の周辺が戦前までは比較的優美な山の手の住宅地であったことは、新大久保駅の項で書いた。その雰囲気はすっかり失われてしまったが、今でも少し新大久保の北に走ってくれれば充分に感じ取ることができる。ごちゃついた大久保の町のすぐ北には、大きなマンションが堂々と建っているような、どちらかというと上品なエリアが待っている。桜美林大学や早稲田大学のキャンパスもあり、大久保のあの独特の空気とはまったく一変するのである。

このあたりは戸山と呼ばれる場所で、陸軍の施設が設けられていたこともあった。そうした施設が姿を消した後には大久保の延長として山の手の住宅地となり、今になっても大久保とは少し違った雰囲気を残しているのだ。

そうして山手線は西武新宿線と並んで台地の切れ目に突っ込んで、高田馬場駅へ。あまり目立たないが南側の盛土の下にひっそりとした出入り口があり、そちらが「戸山口」を称しているのは戸山エリアへの玄関口であるという意思

表示であろう。

山手線に乗りたくて乗っている人はほとんどいないという話はすでに何度かしている。はじめて東京にやってきて勢い込んで乗る人ならまだしも、毎日通勤通学で山手線に乗っていてそれを楽しみにする人などいようはずもない。もし毎日の山手線が楽しみだと言うならば、それは正直どこかおかしい。仕事や学校が楽しいということと、すし詰め満員の山手線が楽しいということはまったく別の次元である。

強いて言うならば、はじめてのカノジョとのデートで浮かれ気分の男子高校生とかならば山手線もウキウキしながら乗っているのだろうが、それとてよく考えれば楽しいのはデートであって山手線ではない。デートがしたいのであって、山手線に乗りたいのではない。

というわけで、鉄道旅行の楽しみなどとはまったく無縁の山手線であるが、思い入れを持つ人はいるだろう。それこそデートで乗った思い出の山手線だったり、就職してから毎日通い続けた会社の最寄り駅だったり、記憶に残れば思い入れも出てくる。そんな駅の最たる例が、高田馬場駅なのではないか。高田馬場駅をおいて多くの人の思い入れを残している駅はほかにないだろう。

むろん、それは早稲田大学の存在による。別に筆者は早稲田大学とはなんの関係もないので高田馬場駅への思い入れなどまったくないし、むしろ山手線の中では縁遠い駅のひとつである（センター試験を早稲田大学で受けたのでそのときに使った記憶があるくらいだ）。

高田馬場駅はまさしく学生街の駅という表現がふさわしい。山手線はだいたい都心の外縁を取り囲むようにして走っていて、多くの大学が沿線にキャンパスを構えている。例えば渋谷駅だって青山学院大学に近いし、田町駅は慶應大学に近い。大学だけでなく高校にも目を向ければもっといろいろあって、西日暮里駅は名門私立の開成高校に通っていた人ならば思い入れの強い駅になろう。

ただ、そうしたいくつかの大学最寄りの駅の中でも、高田馬場駅ほど「学生臭さ」を放っている駅はない。山手線に乗って高田馬場駅に着いてホームに降りた時点でそうした感覚は理解してもらえるはずだ。

まず、ホームには明らかに大学生の姿が多い。特に通勤時間帯ではなく平日の日中などであれば学生ばかりといってもいい。

雑居ビルがいくつも並ぶ駅前。「学生ローン」の看板も目立つ

早稲田大学の学生の特徴をあれこれカテゴライズして語る向きもあるようだが、その点にはさほど詳しくないのでここでは深く突っ込むことはしない。ただそれでも高田馬場駅のホームに立って行き交うお客を眺めていると、早稲田のことをなんにも知らないくせに「いかにも早稲田らしいなあ」などと思ってしまうのだ。

学生の街の駅にしては少々狭く感じる改札口を抜けて駅前に出てもそうした感想は変わらない。ビッグボックスのビルが目立つ駅前広場にはもちろん学生であろう若者たちがたむろしているし、駅周辺の雑居ビルには安くてうまいものを手軽に食わせて飲ませてくれるような、いかにも学生向けの店がたくさん看板を掲げている。「学生ローン」などと不穏な文字が踊る看板も高田馬場駅前の名物だ。こういうところも巨大な大学のキャンパスに近い駅ならであろう。せっかく早稲田大学に入ったのに学生ローンなどに手を出してひどい目を見るなどということがないように注意してもらいたいものである。

今どき雀荘に通い詰める学生がどれだけいるかはわからないがそういう看板もあるし、いかにも安そうな高田馬場のピンサロの取材をしたこともある。

もちろん中には学生向けとは言えないような店もある。高田馬場駅は山手線が西側、西武新宿線が東側に通っていて、ちょうど新宿線が少し東側に離れていくところに位置している。そのため、駅舎を出てすぐ北側の高架下の道路の先には山手線と西武新宿線

の高架に挟まれた三角地帯ができていて、そこにも古い居酒屋が入った雑居ビルが建つ。その中には、なぜ高田馬場にあるのかはわからないが阪神タイガースファンが集うという居酒屋がある。早稲田大学の学生がこの店に行くとはなんとなく思えないので、きっとターゲットは学生ではないだろう（ちなみに阪神のスターである岡田彰布や鳥谷敬は早稲田出身であった）。

ともあれ、学生ならではの活発さと怠惰さがないまぜになったような空気は、高田馬場駅ならではの特徴なのだ。

島式1面2線では日本最多の客を集める〝西武新宿線〟のターミナル

と、いくら学生街としての高田馬場について語ったところで、雲をつかむようで高田馬場駅の個性をあぶり出すまでにはいたらない。学生街のターミナルとしての雰囲気が強いのでごまかされてしまうが、高田馬場駅の本質はそこにはない。

山手線高田馬場駅のホームは島式1面2線。両隣の新大久保駅や目白駅と同じ構造をしている。その中ほどにある下りの階段がメインの改札口につながっており、ホーム南端の階段は戸山口改札に通じる。そしてもうひとつ、ホーム中ほどからすこしだけ南に寄ったあたりに昇りの階段があり、こちらは西武新宿線との乗り換え専用口である。

高田馬場駅の鉄道駅としての本質は、この西武新宿線との乗り換えにある。

西武新宿線は歌舞伎町の片隅にある西武新宿駅をターミナルとして所沢を経由して本川越までを結ぶ、山手線から放射状に伸びている郊外路線のひとつ。ただ、ここで西武新宿駅をターミナルとして、と書いたが実質的なターミナルは西武新宿駅ではない。そもそも、西武新宿駅からJRの新宿駅までは少なく見積もっても歩いて5分はかかる。それも人波で溢れた新宿の町をゆかねばならないから、ターミナルとしてはお世辞にも便利とは言えない。

高田馬場駅の正面は東側。駅名看板は西武のものだけだ

高架は山手線。駅の西側にはJRの出入口はない

そこで西武新宿線の実質的なターミナルとなっているのが高田馬場駅なのだ。西武新宿線の高田馬場駅の１日平均乗降人員は30万５７４１人（平成30年度）。もちろん西武新宿線では圧倒的な１位で、２位の西武新宿駅を約12万人も引き離している。

この１日30万人の西武新宿線の乗降客がどれだけＪＲと乗り換えているかはわからず、別に東京メトロ東西線も乗り入れていて、そちらへの乗り換え客も少なからずいるだろう。だからはっきりとは言えないのだが、それでも相当な人が山手線と西武線の乗り換えをこの高田馬場駅でやっていることは間違いない。

それは乗り換え専用の連絡橋を見ていればよくわかる。どちらかに電車が到着するたびにたくさんの人で溢れんばかりとなって、朝や夕方のラッシュ時にはこれは危険なのではないかと思うくらいに多くの人がなだれ込む。どちらも数分おきに電車が来る高頻度運転なのだから慌てることもないだろうと思うのだが、階段を駆け下りたり駆け上ったりする人の姿も見かけるくらいだ。

このように、高田馬場駅は西武新宿線のターミナルという一面を持ち（もちろん１日に約20万人が乗降している東西線も忘れてはいけないが）、これによって他の山手線のターミナルにも引けを取らない存在感を放つ。ＪＲ高田馬場駅は１日平均21万１６８７人の乗車人員。この数字はＪＲ東日本の全駅の中で12番めに多い。高田馬場駅よりも上位に名を連ねている駅は堂々たる大ターミナルばかりである。

その中にあって高田馬場駅はＪＲにおいては山手線単独駅。ホームも広いとはいえない島式ホームが１面あるだけだ。それでいて毎日21万人がこの駅から電車に乗り込んでいるというのだから、その混雑の様相は相当なものである。学生街の駅だから日中も人並みが途切れることはないし、ラッシュ時についてはもはや語るに及ばない。

島式1面2線だけという極めてシンプルな駅においては、おそらく（というよりは間違いなく）日本一の利用者を誇っている高田馬場駅。その膨大なお客は学生街としての高田馬場の町の性質と、西武新宿線の実質的なターミナルであることによる。駅そのものが巨大な町のように肥大化した大ターミナルがいくつも連なっていることばかりに目が行くが、山手線が日本の鉄道路線の中で特異な地位を占めているのはやはりこうした〝郊外路線との乗り換えターミナル〟という点に尽きる。それを改めて教えてくれるのが、高田馬場駅なのである。

たかだのばば

【所在地】 東京都新宿区高田馬場
【構造】 高架駅
【開業】 明治43年（1910年）9月15日
【接続路線】 西武新宿線・東京メトロ東西線
【山手線ホーム】 1番のりば（外回り）、2番のりば（内回り）
【1日平均乗車人員】 211,687人（山手線中8位）

JY
14

目白

高田馬場駅と同じ「大学の町」、でも雰囲気はまったく違う

神田川を越えると街の雰囲気がガラッと変わる

目白駅も高田馬場駅と同じように、学生の駅である。駅舎を出てすぐ右隣には学習院大学のキャンパスがある。駅とキャンパスの距離感という点で言えば、高田馬場駅と早稲田大学の関係よりも遥かに密接である。それどころか山手線の各駅と大学というテーマにおいても、学習院大学は最も山手線に近い大学といっていいだろう。

正面にはステンドグラス。お上品な雰囲気の駅だ

　ところが、そうした学生の駅にしても、その雰囲気は高田馬場とはずいぶん違う。「高田馬場」「目白」、それぞれの名から抱く印象もまったく正反対といえる。隣り合った駅の、同じような学生の利用が多い駅なのに駅の雰囲気も印象もこれだけ違うというのは不思議である。

　もちろん、高田馬場駅は西武新宿線や東京メトロ東西線との乗り換え駅であり、目白駅は山手線単独の駅という違いもあるが、それだけでここまで印象が変わることもあるまい。早稲田大学と学習院大学の学生の個性の違いなどというのは、いささか乱暴で

あろう。

となると、その理由を探らねばならない。そう考えながら山手線で高田馬場から目白まで向かった。

この両駅の間（といっても高田馬場駅のすぐ北であるが）には、神田川が流れている。かぐや姫の名曲『神田川』の舞台はこの山手線が神田川を渡るあたりの少し下流にあるらしい。そして神田川を渡った先から高田馬場のいかにも大衆的な学生街らしい車窓から閑静な住宅地という言葉がふさわしい町並みに移る。そのまましばらく高架・盛土の上を走り続け、目白通りの下の掘割に突っ込んだところが目白駅。高架駅から数分の隣駅がもう掘割の中にあるあたりはいかにも東京の鉄道路線らしいところだ。

高田馬場と目白の雰囲気の違いは、この神田川をひとつの境目として町の雰囲気が変わっていることによるものなのだろう。ずいぶん漠然とした結論になってしまうが、一本の川というのはそうした町の雰囲気を変える目に見えない力があるものなのだ。

そもそも目白という地名からして上品でオカネモチの香りを持っている。大正から昭和にかけて堤康次郎（箱根土地の創業者、すなわちのちのコクド、西武グループの総帥である）が築いた目白文化村は、作家の林芙美子や吉屋信子も暮らした高級住宅地。通称「目白御殿」として知られる田中角栄元総理の私邸も目白の〝高級感〟を際立てる（と言っても、実際は目白文化村はどちらかというと落合のほうが近く、目白御殿は文京区目白台。目白駅からはだいぶ離れている）。

ともあれ、目白はずいぶんと上品な雰囲気の駅である。

掘割の中にあるホームから階段を登って橋上駅舎に出て改札を抜けると、目の前には線路を跨いで通る目白通

高田馬場駅すぐ北の神田川を渡ると世界が変わる

三角屋根の大きい駅舎。どう見てもJR単独駅なのだが、JR東日本仕様の駅名看板が目立たない

り。山手線や湘南新宿ラインが行き交う線路の遠く向こうには、池袋の新名物となったダイヤゲート（西武ホールディングスの本社ビルである）が見えて、池袋が近づいていることを教えてくれる。

駅舎は大ぶりで、駅正面にはステンドグラスが用いられているシャレたデザイン。目白通りを挟んだ斜向かいの商業施設にはクイーンズ伊勢丹などのお高めの店が入り、やはり目白は普通の町とはひと味違う。今まで五反田だとか新大久保だとか、そういう町を巡ってきた身にとってはまるで洗礼のようだ。お隣の学習院大学からやってくる学生も、こうして曇ったメガネで見るとなんだか上品である。

目白駅を持ち上げてばかりいても仕方ないので、簡単に歴史を振り返ろう。目白駅の開業は明治18年（１８８５年）3月16日。この区間の山手線、日本鉄道品川線は同年の3月1日に開通しているから、わずか半月遅れでの開業であった。この遅れにどういう事情があったのかはわからないが、日本の鉄道駅の中でも特に古い駅のひとつである。

同時にもうひとつ開業した駅があって、それは目黒駅。目黒と目白は黒と白、なにかとセット扱いされることも多いが、開業の時点からしてセットなのであった。駅名の由来は目黒は目黒不動、目白は目白不動。目黒の場合は近くに目黒川が流れているから駅名に目黒を頂いてもさほど不思議はないのだが、目白不動はかなり離れているのでいささか不自然である。ここには当時の日本鉄道の人たちにも「目黒駅と同時に開業するならやっぱり目白でしょう」という感覚があったのやもしれぬ。想像の域は出ませんが。

ちなみに目白駅のお隣に広がる学習院大学がこの地に移転してきたのは、明治41年（１９０８年）のこと。当時の学習院の院長はあの乃木希典大将。皇族や華族の教育を預かる学習院であるから、その院長の任は並の者には務まらない。当時、

乃木希典は陸軍の参謀総長に就任する予定だったが、ときの明治天皇はその案を拒否して学習院長に指名したという。入学を控えていた幼き日の昭和天皇の教育を、乃木に託したというわけである。そんな由緒ある学習院がお隣りにあるというのだから、そりゃあ目白の駅も上品な設えになりますね、とうぜん。

この乃木大将は鉄道に関連したとあるエピソードを残している。学習院に通う女子学生たちが満員の列車の中で今でいう痴漢被害に悩まされていることを聞き、なんとかできないものかと話した。それをきっかけとして明治45年（1912年）に婦人専用電車が中央線に導入されたそうだ。当時は「花電車」などと呼ばれたというが、いずれにしてもこれが女性専用車両のはじまりであった。

幻に終わったターミナル・目白、それが生んだ閑静な町

開業した頃の目白駅は、今とは少し違う形態であった。掘割の中の駅という点は大きく変わっていないようだが、駅舎は掘割を下った低い場所に設けられていたという。ずいぶん狭いスペースに強引に駅を作ったものだとも思うが、開業当時は1年で4000人程度しか利用者がいなかったというから、それで充分だったのだ。

今のスタイルになったのは大正8年（1919年）。目白通りに直接接続するべく橋上駅となった。実はこれ、日本ではじめての橋上駅舎だという。

今では橋上駅というと金太郎飴の如くどれも同じで、古きよき駅舎を駆逐する勢いで勢力を伸ばしていることでお馴染みである。デザインという点ではまったくつまらないが、一方で線路と駅によって分断されている町を連絡する機能を持っていることで採用が増えている。ただ、目白駅の場合はそうした目的とは違い、掘割の下のホームとその上を通る大通りを連絡するという目的にあった。なので、橋上駅第1号と胸を張っていいのかどうかはわからないが、分類上は橋上駅なのだから許してもらおう。ちなみに、地上を走る線路の上に人工地盤を設けて自由通路を渡すスタイルの橋上駅舎としては、西川口駅が最初らしい。

とにかく、そんな歴史を持っている目白駅。だが、もしかすると目白駅にはこんな与太話や上品な駅イチオシばかりではな

駅前の目白通りから北を見るともう池袋である

い未来もあった。

品川～赤羽間を品川線として開業していた日本鉄道は、そののち品川線と上野から北上する東北線の接続を計画。その分岐が東側では田端駅となり、西側では池袋駅となって、明治36年（1903年）に双方を結ぶ路線を開通させている。これをもって品川から新宿・池袋を経て田端まで向かう路線が山手線と呼ばれるようになった次第だ（池袋～赤羽は赤羽線となり、今では埼京線の一部を成す）。

ところが、当初の計画では池袋ではなく目白駅を分岐点として考えていたという。実際、明治32年（1899年）に日本鉄道が得た路線敷設免許では、目白～田端間に新路線を建設するとなっている。山手線の池袋～田端間で線路が大きく南側に迂回するように曲がっているのは、目白駅を分岐とする計画の名残。地図を広げて、大塚駅の少し東側からまっすぐに線を引っ張ってくればおおよそ目白駅である。

この目白にとって夢の計画は文字通り夢と消える。当時、地元の人の反対があったとかいう説もあるが、むしろ掘割の中から強引に分岐路線を設けなければならないという工事上の難条件のほうが問題だったのだろう。結局、周辺に何もなかった池袋に白羽の矢が立って、ターミナル・目白の夢は潰えた。

それでも〝無人の原野〟に近かった池袋と比べると先立って駅が開業して学習院大学もやってきていた目白のほうが、当初は圧倒的に優位に立っていた。何を基準に優位とするかはさておき、少なくとも利用者数の点においてはしばらく目白駅が池袋駅に大差をつけてリードしていたのだ。

池袋駅が開業した明治36年の数字で比べると、目白駅は1年に11万人を超える乗車人員。池袋駅はたったの2万8000人程度に過ぎなかった。池袋駅もその後は飛躍的な成長を見せるが目白駅も右肩上がり。池袋開業から10年後の大正2年（1913年）は目白駅約45万人、池袋駅約39万人（いずれも乗車人員）とリードを保っている。

両者の立場が逆転したのは1920年（大正9年）のこと。大正3年（1914年）・大正4年（1915年）に現在の東武東上線と西武池袋線が池袋駅に乗り入れて郊外へのターミナルとなったことで、単独駅の目白駅は立場を失ったのである。

ちなみに近隣駅では大塚も巣鴨も高田馬場も東京市電が乗り入れたが目白駅だけは市電も来なかった。結果、今に至るまで目白駅は山手線単独駅という特異な立場を貫いている。他には新大久保駅も同様だが、5分もかからずに中央線の大久保駅があるので純然たる山手線単独駅としては目白駅が唯一無二。そんなことで威張ってもしょうがないが、乗り換えターミナルとならなかったことで駅周辺の静謐さが維持されて、今の目白駅の雰囲気ができあがったのだろうと想像すれば、悪くない話だろう。

なお、平成30年度（2018年度）の1日の乗車人員は3万8190人。山手線では最下位の鶯谷駅に次ぐブービーである。

めじろ

【所在地】東京都豊島区目白
【構造】地上駅
【開業】明治18年（1885年）3月16日
【接続路線】なし
【山手線ホーム】1番のりば（内回り）、2番のりば（外回り）
【1日平均乗車人員】38,190人（山手線中28位）

第3章

都の城北、山手線随一の〝地味〟区間――

池袋～田端

池袋駅東口。西武の駅である

IKB
JY 13

池袋

無人の原野に生まれ、東武と西武で一発逆転

「池袋は埼玉の植民地」は本当か

池袋駅は山手線の中では新宿駅に次ぐ（というよりＪＲ東日本の駅の中で、であるが）利用者数を誇る日本屈指の大ターミナルである。ときおり、全国でも新宿駅に次いでナンバー2という言われ方をすることがあるが、それはＪＲに限った話であって、他社を含めれば東急の渋谷駅は東横線と田園都市線をあわせた乗降人員が１１０万人を超える。ＪＲの池袋駅とは抜きつ抜かれつの関係で、2位と3位を争っている。さすが、渋谷は東急の城ですね。

とにかく山手線の中で上から2番めのマンモスターミナル・池袋。この駅を語る中でよく出てくるのが、「池袋は埼玉の植民地」みたいな話である。映画『翔んで埼玉』でもＧＡＣＫＴが「ここ池袋は埼玉県人の夢の町」と言っていた。池袋駅から郊外に伸びている路線は私鉄では東武東上線と西武池袋線。ＪＲでは埼京線や湘南新宿ラインがある。いずれも埼玉県と東京都心を結ぶ路線だ。だから、たしかに現実問題、池袋にやってくる人は埼玉県民が多くなる。池袋駅の1日の乗車人員56万６９９４人（平成30年度）のうち、埼玉県民がそれなりの割合を占めているということは間違いないであろう。

池袋はどうしたって埼玉県との関係が実に深いターミナルなのだ。それがい

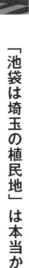

いとか悪いとかそういうことではなくて、埼玉方面から東京にやってくるときには多くの場合が池袋駅を経由することになるので、いわば埼玉方面の玄関口であるといっていい。これが池袋駅の本質のひとつだ。

そしてもうひとつ、池袋駅の本質的な特徴を挙げるとすれば、「完全なゼロから生まれたターミナル」ということだ。

池袋駅が開業したのは明治36年（1903年）。日本鉄道が品川線として明治18年（1885年）に開通させた品川〜赤羽間において、新宿や渋谷といった池袋と並ぶ副都心ターミナルの駅は最初期から開業していたが、池袋駅はそれから実に18年も遅れている。新宿も渋谷も開業時はほとんど利用者もいないような野っぱらの駅だったことはよく知られているが、池袋にいたってはそれよりはるかに何もない場所に設けられた駅であった。その当時の地図を見れば一目瞭然、池袋駅の周辺には集落のようなものすら見られない。

それではいくら赤羽方面と田端方面の分岐ターミナルであると言っても、利用者が伸びるはずもなかろう。例えば明治40年（1907年）の年間乗車人員を見てみると、目白・池袋・大塚・巣鴨の4駅の中で一番少ない4万9050人（最多は目白駅の13万5683人で、ついで巣鴨駅の11万9565人。大塚駅は5万8332人であった）。今やそれらの駅と比べても圧倒的なスケールを誇る池袋駅も、スタートダッシュにはかなり失敗して置いてけぼりをくらっていたのである。

それがなぜ、日本でも有数の巨大なターミナルになり得たのか。やはり答えは郊外路線の乗り入れであった。

最初に池袋駅にやってきた郊外路線は大正3年（1914年）の東上鉄道。東上鉄道はのちに東武鉄道に吸収されて東武東上線となった。他の東武の路線とつながっていないいわば独立国だが、かつて伊勢崎線西新井駅と東上線本板橋駅を結ぶ西板線の計画があった。その名残が東武大師線である。

この東武東上線に続いて乗り入れたのが現在の西武池袋線で、大正4年（191

開業当時の池袋駅。今とはまったく別世界（『百年史』より）

東武の西口は東武百貨店とともに

5年）に武蔵野鉄道の路線としてやってきた。東に西武、西に東武という池袋駅の構造がおおむね完成したのもこのときである。

　こうして池袋駅は私鉄の交わるターミナルとして発展の足がかりを見出した。昭和10年（1935年）には東口に菊屋デパートが開業。これは昭和15年（1940年）には武蔵野デパートと改称し、戦後には西武百貨店としてリニューアル。増改築を繰り返して現在の池袋駅東口の西武百貨店という私鉄ターミナルのもととなっている。

　また、東口では昭和32年（1957年）に丸物デパートが進出する。この丸物デパートはのちに業績が低迷して撤退、昭和44年（1969年）に西武系列のパルコとして新装開店した。記念すべきパルコの第1号店であり、既存の西武百貨店と連結するように増改築を重ねて現在の形になった。池袋駅東口は、正面に西武百貨店とパルコが線路に沿って細長くそびえていて、その1階部分に西武池袋線のターミナル、百貨店の裏側にJRの池袋駅があって地下通路でつながるという構造の原型はここにある。

　対して西口はどうか。今、池袋駅の西口には東武百貨店がそびえてその1階に東武東上線のターミナルがある。この構造は、東口の西武百貨店と西武池袋線ターミナルの構造とまるで瓜ふたつ。西口も東口も、池袋駅は私鉄系ターミナル百貨店の駅なのである。

　西口の百貨店ターミナル化のはじまりは、昭和25年（1950年）に進出した東横百貨店池袋店にある。東横百貨店はもちろんあの東急の渋谷駅に凛とそびえるあれである。東急にとってははじめての本格的な支店が、池袋であった。

この東急の池袋への進出は、五島慶太と堤康次郎が各地で繰り広げていた〝戦争〟の一環という趣もあった。東急VS西武の構図は箱根や伊豆など各地で激戦になるが、いわばその先駆け、前哨戦というべきであろうか。

東急は私鉄ターミナル百貨店の首都圏における第一人者としての誇りゆえ、ライバルの西武がすでに百貨店を営んでいた池袋に乗り込んで客を奪い取ろうと企んだのであろう。ただ、結果としてはこの戦いは東急の惨敗に終わる。昭和39年（1964年）に閉店して東武百貨店に売却。2年前に開店していた東武百貨店はこの旧東横百貨店跡を含めて西口に壮大なターミナルを築き上げたのであった。

西口では東横百貨店から東武百貨店へ、東口では西武百貨店に丸物デパートを引き受けたパルコ。この東西ともに巨大な百貨店に囲まれた池袋駅において、その中心で開業以来の山手線がひたすらに客をそれぞれの百貨店に送り込む。そういうスタイルが、池袋駅の本質のひとつなのである。

地下通路で縦横に結ばれるターミナル、でもそれが迷いのもと？

池袋駅の全貌がわかりにくいという声は、渋谷や新宿などのような大ターミナルと同じようによく聞く話である。ただ、渋谷や新宿と比べると地上には中央にJRがあって東西に西武と東武という実にシンプルな構造をしている。池袋駅前のシンボルであるビックカメラもそのテーマソングで『東が西武で西東武』で歌っているくらいだから、よく知られているだろう。

地下鉄も3路線乗り入れているが、すべて地上の池袋駅と垂直に交差する形で地下に通っているから、これとてさほどわかりにくくもない。駅そのものが百貨店に挟まれている点はわかりにくい要因にもなろうが、西武百貨店が西武池袋線、東武百貨店が東武東上線なのだから間違えることはなさそうだ（ちなみに東西ともに地下街もあり、東は西武系列の池袋ショッピングパーク、西は東武系列の東武ホープセンター）。

では、なぜ池袋駅がわかりにくいのか。それはひとえに駅構内、東西の百貨店に挟まれたJRの線路やホームの下に広がっている地下通路のわかりにくさに起因していると思っている。

オレンジロードとアゼリアロード。さて池袋のどこにあるでしょう?

だいたい、地下通路はどこもよく似ている。似ているからどこにいるのか現在地がわからなくなって迷うのだ。その点において、池袋駅の地下通路は極めて見分けがつきにくいのである。

池袋駅地下通路の中心はその名も中央通路。東西に通って両脇にはＪＲの中央改札が３ヶ所設けられている。地下鉄の丸ノ内線に乗りたければこちらを利用すればよかろう。

そしてこの中央通路に加えて北通路と南通路。北通路の東側、地上に出る階段のすぐ下にいけふくろうの像がある。北通路の西側から階段を登って外に出たら、いわゆる池袋駅の北口へ。最近では中国人が増えているとかなんだとか言われているが、まあつまるところ池袋で一番治安の悪いところだ。対して南通路は地下鉄有楽町線の出入り口があることがポイントである。

さらにこれらの東西の通路を結んでいるのが、ＪＲの改札内を取り囲むように伸びている南北の地下通路。その名もアップルロード・オレンジロード・チェリーロード・アゼリアロード。いや、別にいいんですけど、どの通路もどう考えたってアップルらしさもオレンジらしさも感じられないのだ。通路の雰囲気もなんとなくそっくり。せっかく名前をつけたんだから、もう少し工夫して違いを際立たせてくれたほうが利用者にとってはありがたいと思うのであるが、いかがでしょう。

そして、この池袋駅最大の弱点はバリアフリーにある。いつだったか、ＪＲの改札で東口に出るエスカレーターかエレベーターはどこにあるかを尋ねたら、ずいぶん先まで地下通路を通って西口駅前広場を渡った先でエレベーターを使ってください、と返ってきた。筆者の場合は大きなキャリーケースを転がしているくらいだったから別にそれでよかったのだが、足が不自由な人にしてみればそんなに遠くまで歩かされたらたまったものではないだろう。

それに、ＪＲから西武に乗り換える際に通る中央通路東側の階段は、幅が広いのにエスカレーターもなくて実に不便である。まあ、百貨店の中を通ればエスカレーターもエレベーターもあるのだが、それではいささか遠回り。このあたり、なんとかならないものですか、池袋駅のみなさん。

いけぶくろ

【所在地】 東京都豊島区南池袋
【構造】 地上駅
【開業】 明治 36 年（1903 年）4 月 1 日
【接続路線】 湘南新宿ライン・埼京線・東京メトロ丸ノ内線・東京メトロ有楽町線・東京メトロ副都心線・東武東上線・西武池袋線
【山手線ホーム】 5·6 番のりば（内回り）、7·8 番のりば（外回り）
【1 日平均乗車人員】 566,994 人（山手線中 2 位）

大塚駅の南口には真新しいアトレのビル

JY 12

大塚

再開発が進む駅前と庶民的な商店街

かつては東京を代表する花街として栄えた

池袋駅の山手線は西側の5〜8番のりばを使う。出発後は東側ののりばからまっすぐ北に向かう埼京線の線路の下を潜り、湘南新宿ラインの電車が走る山手貨物線と並んで右へ大きくカーブ。掘割の中に分け入って大塚駅を目指す。いくつかの橋の下を通り、大きなビルの間に挟まれるように設けられた大塚駅のホームにたどり着く。

大塚駅はどことなく大衆的というか、そういうイメージの駅である。

個人的な話をして恐縮だが、8年ほど前に風俗店の取材で大塚を訪れたことがある。大塚はかつて三業地として栄え、大正の後半から昭和初期にかけては東京を代表する花街だった。最盛期には料理屋が85軒、待合は18軒、芸者は200名を数えたという。そうした名残で、今も料亭が残るし少ないながら芸妓もいるとか。とうぜんいかがわしい類の店もある。

ただ、戦後になって発展した歌舞伎町のような風俗街とは違うので、いくらか場末のようなそんな感じの風俗店が多い。その筋では激安ピンサロで有名らしい。そこで取材に訪れたのだが、どうやら担当者がオーナーに確認せずに取材を受けてしまったようで、筆者の目の前でその担当者がオーナーからもう殺されるんじゃないかというほどに怒られまくっていた。逃げるわけにもいかないのでその様子を横目で見ながらまんじりともせずに座っていたのだが、まあなんとも大塚とは怖いところだと、そう思ったのを覚えている。大塚にはそういう思い出がある。

山手線の大塚駅という点では島式ホーム1面2線の極めてシンプルな構造。駅のホームに入るところでは掘割だが、駅を出るところでは高架なので、改札口やコンコースなどの駅舎はホームの真下。階段を降りて改札口を抜けることになる。高架下からは北口と南口、双方につながっている。

まずは南口から訪れてみよう。

南口には地上12階地下1階という巨大な駅ビル（JR大塚南口ビル）があり、その地下1階から4階まではアトレヴィ大塚というJR系列の商業施設が入っている。そしてその前には南口の駅前広場。広場を取り囲むようにして都電荒川線の線路が通り、そのまま都電は山手線の高架下を潜ってゆく。その他の駅の周辺は、ごく普通の東京都心を少し外れた駅前の風景といった按配で、コンビニやチェーン店を中心とした賑やかな町。居酒屋やカラオケ店のような施設もあって、かつては遊興の地として賑わっていた大塚の名残と見るべきところなのだろうか。従前からの筆者のイメージとは少し違う落ち着いた雰囲気を持つ。

では反対の北口はどうだろう。駅前には立派な広場があったり、ホテルやオフィスビル、マンションなどもあって意識しなければごく普通の東京の駅前だ。それが線路と並行する道を西に向かって少し歩けば、なんとなく歓楽街としての雰囲気も残っているように感じられるのだ。ビジネスホテルの東横インが何より目立つが、商店街のようになっている道沿いには庶民的な飲食店が軒を連ねて実に賑やか。風俗街ではなくて、むしろ健全な商店街である。

と、筆者のイメージを覆してくれた大塚駅とその周辺だが、ほんの少し前までは昭和の駅らしい雰囲気は充分に残っていた。現在の南口の駅ビルができたのは平成25年（2013年）とごく最近のこと。平成21年（2009年）までは南北それぞれに今とは違

南口駅前広場をゆく都電荒川線

う駅舎があって、高架下の自由通路のようなものもなかった（すぐ東側に高架をくぐる道路があるので利便性には問題がなかったようだ）。この南北の駅舎は三角屋根の切妻造りで駅前には自転車がたくさん停められているという、いかにも大衆的な雰囲気であった。現在の駅ビルの様子からは想像もできないが、やはり大塚駅は昭和の山手線の駅なのだ。

路面電車のターミナルにはかつて駅前百貨店も

そして大塚駅は、山手線で唯一の特徴を持つ。都電荒川線である。いまや東京で1路線だけ残る都電の荒川線。都電と接続している駅は、山手線でも大塚駅だけである。

山手線の大塚駅が開業したのは明治36年（1903年）。山手線ももとは大塚駅の東側でカーブをせずに、北東からまっすぐに目白駅付近を目指す計画だった。そして大塚駅は現在の地下鉄新大塚駅付近に設ける予定だったという。ルートが変更されたもののその名前だけが残って大塚から離れた場所に大塚駅が開業したという経緯がある。

明治44年（1911年）、現在の都電荒川線が開業する。その当時は東京市電ではなく王子電気軌道という民間事業者の路面電車で、大塚～飛鳥山間の開業だった。翌年には東京市電も大塚駅前に乗り入れて、さっそく大塚駅前は路面電車のターミナルになったのである。

この時点ではまだ池袋駅に郊外路線である東武東上線も西武池袋線も乗り入れていない。つまり、山手線の城北エリアでいち早くターミナル化したのは、ここ大塚駅というわけだ。

それは数字にも如実に現れていて、明治42年（1909年）の年間乗降客数は池袋駅の約8万8000人に対して大塚駅は約8万人。ところが、路面電車のターミナルとなってからは大塚駅のお客が飛躍的に増えていく。大正5年（1916年）には大塚駅が約92万3000人、池袋駅は約65万2000人と見事に城北エリア随一のお客を集める駅にまで成長したのである（その頃はどの駅も急速にお客を増やしている時期であり、池袋駅の伸びもスゴい）。そうした状況の中で大塚は三業地と

北口の広場にはノッポビル。かつての白木屋百貨店跡地だ

しての指定を受けて花街としての賑わいを得るなど、繁華街としての地位を確立していった。

ちなみにこの頃の飛ぶ鳥を落とす勢いの大塚駅は、とある事件においてもその名が登場する。大正10年（1921年）11月4日、ときの内閣総理大臣原敬が東京駅で暗殺された。その犯人が、大塚駅の転轍手をしていた中岡艮一。原敬の政策に反発する上司の影響を受けての凶行だったという。

ただ、こうした職員の凶行が大塚駅に何らかの影響をするようなこともなく、大塚駅の賑わいは頂点に達する。巨大ターミナルの象徴とも言える百貨店（白木屋）も開店。北口には昭和12年（1937年）に立派な白木屋百貨店ビルもできている。

ただ、このときすでに池袋駅は東武東上線と西武池袋線が乗り入れて郊外路線乗り換えのターミナルとして成長しつつあった。そうした中で白木屋百貨店はなかなか好成績を残すことができず、大塚の繁華街として、ターミナルとしての地位は徐々に弱いものになっていったようだ。

この大塚駅前の白木屋は戦後の昭和23年（1948年）に閉店。昭和31年（1956年）に松菱ストアーとしてリニューアルオープンするが、すでにターミナル&繁華街としての地位はすっかり池袋に奪われていて、わずか3年で閉店。その後はオフィスや店舗（マクドナルドやドラッグストア）が入る雑居ビルとなり、長年大塚駅前のシンボルだったが、平成29年（2017年）に取り壊されてしまった。

池袋が大塚からターミナルとしての地位を奪ったのは、戦後直後の池袋駅前が東京でも有数の規模のヤミ市マーケットが広がったことにもよるだろう。大塚がいくらターミナルといっても、それはせいぜい都電の存在によるから人の往来の範囲は狭い。ところが遠く埼玉県まで連絡していた東武と西武を抱える池袋は、彼の地から農産物を直接運んでそれを駅前のヤミ市で売りさばくことができた。その違いが、まだかろうじて拮抗していた池袋と大塚の立場を一気に変えてしまったのではないか。

大塚にとってはいささか寂しい話ではあるけれど、かつての花街としての面影をわずかに残しつつ、池袋と比べれば落ち着いた繁華街の駅という個性を得るに至った。それは今の大塚駅を見れば、悪くないことであったのかもしれないと思うのである。

おおつか

【所在地】東京都豊島区南大塚
【構造】高架駅
【開業】明治36年（1903年）4月1日
【接続路線】都電荒川線
【山手線ホーム】1番のりば（内回り）、2番のりば（外回り）
【1日平均乗車人員】58,926人（山手線中24位）

城北の〝地味駅〟の中では最も利用者数が多い

JY 11

巣鴨

北側の巣鴨駅舎。アトレも併設された立派な駅ビル

〝大街道〟中山道ととげぬき地蔵と

山手線の駅の中で、どのあたりが一番地味かと聞かれればどうしても城北エリアになろうかと思う。池袋駅を出てから、大塚・巣鴨・駒込・田端と続くこのあたりは、知名度にしたってお客の数にしたって山手線の中では下位に名を連ねる。

実際、1日の平均乗車人員を順番に並べてみるとよくわかる。山手線29駅（高輪ゲートウェイ駅を除く）で1日の乗車人員が10万人を下回っているのは10駅あり、その中に城北エリアの大塚・巣鴨・駒込・田端がすべて入っているのである（平成30年度のデータ）。その他の下位陣は最下位の鶯谷駅をはじめ、新大久保駅や代々木駅、御徒町駅といった大ターミナルのお隣さんが目立つ。駅間距離も短いから、巨大ターミナルと駅勢圏が重なることもあろう。だから利用者が少ないのは納得できる結果だ。

ところが城北エリアに至っては立て続けに4駅が下位に並ぶ。そりゃあ、知名度も低くて地味扱いされるのもいたしかたないところだ。そして田端駅以外の3駅はいずれも掘割の中にあって駅の構造もよく似ているという共通点まで持っている。

そんな山手線地味駅四兄弟の中で、「俺だけは違うぞ」と言いたげなのが巣鴨駅だ。四兄弟ではお客も一番多く、1日の乗車人員は7万7199人。新宿駅が約78万人だからその10分の1というとだいぶ弱小であるが、上を見ればキリがないので下を見て満足することにしよう。

巣鴨駅は、どうして四兄弟の筆頭になり得たのだろうか。それはやはり歴史に答えがある。

巣鴨駅が開業したのは明治36年（１９０３年）。この区間の路線開業と同時であった。掘割の下にあるホームから階段を登って駅舎から出ると線路をまたぐように伸びている大通りが目に入る。この大通りは国道17号。いわゆる〝中山道〟である。中山道はそれこそ江戸時代から続く日本有数の大街道、大動脈だ。中山道の最初の宿場町は板橋宿なので巣鴨周辺に何があったというわけでもないが、江戸の中心にも近い街道筋としてそこそこの賑わいはあったのではないかと思うし、沿道には集落などもあっただろう。

そうした点は、やはり巣鴨駅にとっては有利に働いた。そもそも駅が設置されたという点からしてそうだし、開業直後の利用者数も池袋や大塚を凌駕しており、四兄弟トップという地位はその時点からほとんど確約されていたと言っていい。

さらに、巣鴨駅といえばとげぬき地蔵である。とげぬき地蔵尊の高岩寺に通じる巣鴨地蔵通り商店街は巣鴨駅の少し北で中山道（国道17号）から左にそれる脇道にある。脇道と言ったが実はこちらのほうがかつては中山道の本来のルートであった。それがそのまま高岩寺の門前町になったということだ。

とげぬき地蔵の高岩寺は慶長元年（１５９６年）の創建。ただ、そのときは場所は巣鴨ではなく神田の湯島であった。後に下谷に移り、巣鴨にやってきたのは明治24年（１８９１年）になってからである。すっかり巣鴨のシンボルとして定着しているとげぬき地蔵だが、その歴史は意外に浅い。まあ、巣鴨駅開業は高岩寺の移転よりも遅い明治36年だから、巣鴨駅のシンボルという位置づけではとげぬき地蔵を一番に挙げても問題ないだろう。

とげぬき地蔵に通じる門前町の商店街は、なぜだか「おばあちゃんの原宿」などとして定着している。昭和60年（１９８５年）に読売新聞が原宿と比較して「おばあちゃんの原宿」と紹介したのがはじまりだという。路面店が中心で歩きながらふらりと立ち寄って買い物をしたりおやつを食べたりというスタイルの商店街であり、だからお年寄りには利用しやすいという点もあるのだろうか。ただ、まあ現実的にはこういう商店街は浅草の仲見世も清水寺

平日も休日も関係なし?の巣鴨地蔵通り商店街

の清水坂もそうであり、珍しいものでもない。本家の原宿の竹下通りも並んでいる店のラインナップが違うくらいで、本質的な特徴には違いはない。誰にしたって世代も年齢も関係なく、こういう類の商店街は実に歩きやすく楽しめるのだろう。

北口に西友、南口にはサミット、そして国道沿いからとげぬき地蔵

ともあれ、古い街道筋に位置してとげぬき地蔵の商店街が近い巣鴨駅は、こうした立地の影響もあってか実に庶民的な駅である。

このあたりの駅はどれもよく似た構造をしているからそれについてはとりたてて語るところもないが、1面2線の島式ホームで階段を登ってコンコースに出る橋上駅舎。駅舎は北側だけにあって、駅ビルのアトレヴィも併設されている。とげぬき地蔵方面に行こうとすればこの北側に出ることになるが、とげぬき地蔵まで行かずとも国道17号も歩道には屋根がかかって立派な商店街だ。

北側と同じように南側にも国道17号の傍らに控えるように広場があるが、南側には駅舎はなくて改札を出てすぐ左手から線路をまたぐ陸橋を使うもよし、国道の歩道を歩いてもよし。ほとんど並んでいるのでどちらを選んでもさほど違いはない。巣鴨駅は南北ともに商業施設（というよりは商店、といったほうがいいだろう）が数多く軒を連ねる庶民的な町の中の駅である。

庶民的、というのは駅の近くのスーパーマーケットでもそうである。北口には西友、南口にはサミット。そう言えば目白駅前にはクイーンズ伊勢丹が入る商業施設があった。別に西友やサミットをバカにするわけでもないし、クイーンズ伊勢丹に僻むわけでもないけれど、やはりどちらかというと巣鴨のほうが住みやすいのではないかと感じてしまう。だって、西友やサミットのほうが価格的にも商品のラインナップ的にも手が届きやすいですからね。

これに関してもうひとつどうでもいいことを言えば、南北に分かれているとはいっても西

改札口から歩行者専用の陸橋で線路をまたいで南側へ

友とサミットがこんなに近くにあって、さらに他にも商店がいっぱいある中で、よくやっていけるなあとも思うのである。それだけ周辺はたくさんの人が暮らしている住宅地エリアという顔も持っているということだろう。

そう考えてみれば、巣鴨駅は地元の人と思しきお客の数も多いように見えてくる。雑誌『東京人』の1991年9月号には「地元の人たちとのつながりがこんなに強い駅も珍しい」という巣鴨駅長のコメントが載っている。その当時は駅舎の片隅かどこかに縁台を出してお客の休憩スペースを設け、さらに無料でお茶でも飲めるようにしたいとまで言っているのだ。

あちこちの駅に商業施設を併設して、さらに改札の中にいくつも店を設けて商魂たくましい昨今のJR東日本を見るにつけ、そんな牧歌的な発想があったことに驚くが、当時は国鉄からJRになってまだ数年。そういう時代だったのだろう。

ところで、巣鴨駅がこうして四兄弟の長男としていちばんの利用者数を誇っている今となっては、すっかり「巣鴨」と言われれば巣鴨駅とその周辺を思い浮かべる人が多くなっているだろう。ただ、よく考えていただきたい。巣鴨と聞いて浮かぶ別のキーワード。そう、巣鴨プリズンである。

東条英機ら東京裁判で有罪判決を受けたA級戦犯の死刑が執行されたことでおなじみの巣鴨プリズン。戦前は巣鴨刑務所、東京拘置所として似たような機能を持っていたが、特に戦争の時代には特高警察に検挙された思想犯が主に拘置されていたという。ゾルゲ事件のゾルゲの死刑執行もここである。

が、巣鴨駅の周りのどこを見渡しても巣鴨プリズンの跡はない。もったいぶってもしかたないが、巣鴨プリズンは巣鴨駅の近くには存在せず、現在はサンシャインシティとなっている東池袋にあった。

これは巣鴨という地名にまつわる話であって、江戸時代には現在の豊島区の東半分のほとんどは巣鴨村であった。そしてこの巣鴨村が明治に入って巣鴨町と巣鴨村に分かれ、後者の巣鴨村は今の池袋を含む。そこに設けられた刑務所であるから、巣鴨刑務所、巣鴨プリズンとなったのである。対して巣鴨町側は現在の巣鴨駅周辺を含み、一般に「巣鴨」と呼ばれる今のエリアになった。単に「巣鴨」というけれど、昔はもっともっと広い範囲を指す地名だったのである。そう思えば、巣鴨駅が城北四兄弟ナンバーワンなのは、至極最もなのである。

すがも

【所在地】東京都豊島区巣鴨
【構造】地上駅
【開業】明治36年（1903年）4月1日
【接続路線】都営三田線
【山手線ホーム】1番のりば（外回り）、2番のりば（内回り）
【1日平均乗車人員】77,199人（山手線中20位）

JY 10

駒込

ツツジの花咲く駒込駅で「さくらさくら」のメロディを聴く

なぜか外壁をシックなデザインにした駒込駅舎

駅の構造は巣鴨駅とよく似ている

駒込駅は巣鴨駅とよく似ている。ホームが1面2線という最も簡便な構造であることもそうだが、駅舎と駅前の関係性がそっくりなのだ。どちらも掘割の中にホームがあって、北側に駅舎が建つ。駅舎はそのまま線路を跨いで南北に伸びる大通りにつながっていて、そこはもう盛んにクルマが行き交っている。この辺も実にそっくりだ。

まあ、そうは言っても現実的には隣り合っているとはいえ別の駅だから違いはある。巣鴨駅は北側の駅舎はアトレヴィの入る駅ビルだが、駒込駅は純然たる駅舎に過ぎない。対して南側は巣鴨駅にはベックスコーヒーがあるくらいでほかは単なる広場、ロータリー。駒込駅はＪＲ東日本系列のホテルメッツに直結する。ちなみに駅前の大通り、巣鴨駅は国道17号（白山通り）で大塚駅は本郷通り。両者は本郷の東京大学のあたりで合流している。

そしてだいいち、駅の周りの雰囲気がだいぶ違う。巣鴨駅はとげぬき地蔵やその門前町の地蔵通り商店が近いこともあってかなり庶民的な町だが、駒込駅はもう少し上品というか大衆的、庶民的とは少し違う落ち着いた空気が流れているような気がするのだ。

それはやはり、駒込駅のすぐ南側に六義園という東京都心を代表する明媚な庭園があることが影響しているのだろうか。北口の駅舎を出てすぐのところはロータリーではなく染井吉野記念公園になっているというのも、駒込の落ち着いた雰囲気につながっているような気もしてくる。

また、駅のホームに立っていても駒込の雰囲気を感じることができる。ホームの土手にはびっしりとツツジの花が植えられているのだ。本書のための取材として訪れたときは季節をまったく外していたので事前に調べていないと気が付きもしないのだが、春から初夏にかけては爛漫の花が咲き乱れ、駒込駅を利用するお客の目を楽しませてくれる。ホームから見える土手という放っておいてもいいところをわざわざ彩ってくれているのだからありがたいばかりだ。なんでも、このツツジに目を奪われてわざわざ1本電車をやり過ごす人までいるとかいないとか。もうすっかり駒込駅の名物である。もともとは六義園や近くの旧古河庭園もツツジの名所で知られているから、ツツジは駒込の花といっていい。

ところが、ツツジという駒込の名物のことを考えながらしばらくホームに立っていると、なんだか違和感のあるメロディが流れてくる。駒込駅の発車メロディは、童謡の『さくらさくら』。ツツジにまつわる歌に何があるのかはよく知らないが、少なくとも『さくらさくら』と土手のツツジの組み合わせは同じ花ということくらいしか適合していない。

巣鴨駅のところでも取り上げた雑誌『東京人』1991年9月号に載っている山手線各駅の駅長さんのコメント。そこでも駒込駅長はツツジ自慢をしていて、土手のツツジは駅員が年に3回手入れをしているというようなことまで書いてある。それなのに、発車メロディは『さくらさくら』なのだ。

発車メロディの答えは、先に述べた北口の駅舎を出たところの公園にある。染井吉野記念公園というその公園名からなんと

駅前の公園にはソメイヨシノ発祥の地の碑

なくわかるとおり、つまりは駒込はソメイヨシノの発祥の地という顔を持っている。それを記念して『さくらさくら』が発車メロディに採用されたというわけだ。ちなみにこのメロディは平成27年（２０１５年）から導入されている。

ところが話はそう簡単ではない。また件の『東京人』に戻ってみると、なんとお隣さんの巣鴨駅の駅長がソメイヨシノ発祥にまつわるエピソードを語っているのだ。曰く、「近くにある染井霊園は桜のソメイヨシノの発祥の地」。いやいや、それじゃあ駒込駅の『さくらさくら』はてんで的外れ、いくら巣鴨が１㎞も離れていない隣駅だからって横取りしちゃならんのではないですかね……。

だいぶもったいぶってしまったが、実際には駒込駅が巣鴨からソメイヨシノ発祥の地を横取りしたわけではない。染井霊園から駒込駅方面、南東に向かって伸びているその名も染井通りを中心に、江戸時代からこの駒込や巣鴨の周辺にはたくさんの植木屋が居を構えていたという。

この地を植木屋のメッカとした中心人物は伊藤伊兵衛。もともとは土着の百姓だったが、出入りしていた津藩藤堂家の下屋敷で不要になった植物を持ち帰って栽培するようになり、気がつけば種類が増えて植木屋になった。以後、代々伊藤家の主人は伊兵衛を名乗って明治の初めまで染井村を代表する植木屋で有り続けたようだ。伊藤家は染井霊園の一角にある専修院付近に住んでいたという。この伊藤家を中心に、染井村は植木屋が集まる江戸の園芸センターとなったのである。

江戸時代、江戸の町には多くの大名屋敷があった。大名屋敷に庭園は欠かせない（六義園ももとは柳沢吉保の下屋敷である）。となれば植木屋が重宝されるのも当然のことで、そうしてこの染井村、すなわち巣鴨から駒込にかけての一帯は栄えていった。明治初期には東京の主要な植木屋のうちおおよそ半分がこのエリアに集中していたそうだから、〝園芸センター〟としての規模はなかなかのものであった。

近隣にまとまって暮らす植木屋たちが、互いに助け合いながら生業を営むのは当然のこと。染井村の植木職人たちの手で、エドヒガンとオオシマザクラを交雑したソメイヨシノは江戸時代末期までには完成し、さらに接ぎ木などによって増やしていって全国に広がった。発祥の地である染井村と古来から桜の名所であった吉野から名をとって、ソメイヨシノと名付けられたのは明治33年（１９００年）のことだ（それ以前は単に吉野桜と呼ばれていたらしい）。今では日本全国の桜のうち80％以上がソメイヨシノだとか。こうして染井村の名は全国に轟いたのであった。

こういうわけで、伊藤伊兵衛の居宅があった場所はどちらからというと巣鴨駅に近いが、駒込付近にもたくさんの植木職人がいたことは紛れもない事実。そしてこの一帯からソメイヨシノが誕生したというわけだから、駒込駅の『さくらさくら』は実に地域の誇りとしてふさわしい発車メロディなのである。ちなみに、この曲は他にも中央線の武蔵小金井駅でも発車メロディになっている。あちらは桜の名所の小金井公園に近いことによる。

東側の小さな出口、高台下はかつての花街の面影も

この文を書いているのは桜もツツジも縁遠い冬の夜。なので現実に、というか現代の駒込駅に戻ろう。

冒頭で駒込駅は掘割の中のホームだと書いた。ただそれはホームの西側だけの話だ。反対の東側に行くと掘割どころか周囲のほうが標高の低い盛土になっている。いくら山手線が11両もあってホームも細長くなるとはいえ、駅の両端で構造が変わるというのは珍しい。そして東側にはホームの下に降りる階段があって、実に小さく目立たない、気が付きにくい出入り口も設けられている。この出入り口からは線路の南北いずれにも出られる半地下のような狭い通路につながるが、ちょうどこのあたりは豊島区と北区の境界線にもなっている。

六義園があってツツジの里、そしてソメイヨシノ発祥の地としてなんとも落ち着いた上品な町という印象を抱く駒込駅。ところが、盛土の下からちょろっと覗くような東側の出口から出てみると印象がまったく違うことに驚かされる。

南にはアザレア通り、北側には駒込銀座通りという小さな商店街があるのだが、こちらがずいぶんと庶民的。庶民的と言えば聞こえはいいが、キャバクラ

東側には高架下の小さな出入り口

駅の東西は標高差が大きい。「江戸駒」は昔風の“旅館”

もあれば台湾式マッサージもあれば、「江戸駒」という名のなんともいえない雰囲気を漂わせた旅館もある。駅前旅館、などと言えばこれまた聞こえはいいが、つまるところ古の連れ込み旅館のたぐいである。

さらに少し東、つまり田端方面に向かって北側の線路沿いを歩いていくと、ソープランドの看板まで目に入る。山手線の電車の窓からも見えるので、このあたりの山手線によく乗っている人は目に覚えがあるかもしれない。かくいう筆者も、駒込から田端にかけてはどちらかというと高級に近いくらいに閑静な住宅地というイメージを持っていたから、そこに唐突に現れるソープランドの看板に常々疑問を持っていた。これはどうやら、駒込駅は東側と西側で違う性質の町が広がっている、ということなのであろう。

この駒込駅東西で違う顔のふたつの町のヒミツ。それもまた駒込駅に答えがあった。駒込駅のホームが東は盛土、西は掘割という正反対の構造になっていることはすでに書いたばかりだ。ホームの構造が異なるということは、そこの間に大きな標高の差があるということ。実際、駒込駅のホームの途中に小さな崖があり、東側の標高がガクンと下がっている。まだ武蔵野台地は終わっていないのでいわば台地の上の僅かな高低差ということになる。そしてさらに山手線が進むと再び山手線は掘割の中に入る。すぐにまた周囲の標高が高くなっているのだ。

だいたいこういう高低差には川が関係していることが多い。いわゆる〝段丘崖〟というやつである。その痕跡を探してみると近くに谷田川通りという道があった。そしてさらに調べてみると、谷田川通りはその名の通り谷田川が流れていた場所で、今は暗渠となっている。谷田川は上流に遡ると王子のあたりで石神井川から分かれて南東に流れ、不忍池に注いでいたという。

つまり、今は見る影もない谷田川が築いた段丘崖が現代になって駒込駅の東西で崖上の町と崖下の町を作り出したのだ。崖上と崖下で町の性質がまったく変わるのは決して珍しくない。おかげで、駒込駅は東と西でいくらか違う顔を持つ町を併せ持つ駅になったのである。

最後に駒込駅にまつわるちょっとしたエピソード。「駒込」を名乗る駅はもうひとつ、東京メトロ南北線の本駒込駅がある。〝本〟の文字が入るということはもともとこちらが駒込の中心だった……と勘違いしてしまいそうだがそれは間違い、かつての豊島郡駒込村は現在文京区本駒込と豊島区駒込に分断されている。後者が駒込駅とその北側。六義園や本駒込駅を含むのが文京区。このあたりは以前本郷区と呼ばれており、〝本郷の駒込〟から本駒込と名乗ったそうである。

こまごめ

【所在地】 東京都豊島区駒込
【構造】 地上駅
【開業】 明治 43 年（1910 年）11 月 15 日
【接続路線】 東京メトロ南北線
【山手線ホーム】 1 番のりば（外回り）、2 番のりば（内回り）
【1 日平均乗車人員】 49,541 人（山手線中 26 位）

崖下の正面駅舎はアトレも入った立派なビル

JY
09

田端

利用者は少ないが山手線のキーポイントのひとつ

山手線唯一の踏切と山手線最後のトンネル跡を抜けて崖下り

巣鴨駅の項で、大塚・巣鴨・駒込・田端の城北4駅を「四兄弟」などと言って、まあ簡単に言えば利用者が少なく地味な存在という扱いをしてしまった。この田端駅、利用者数の点では山手線29駅中27位の４万７４４０人。四兄弟の中でも一番少なく、末っ子である。

ただ、歴史的に見れば田端駅はむしろ長男である。田端駅の開業は明治29年（１８９６年）。そして田端駅の区間を含む線路自体は明治16年（１８８３年）の日本鉄道上野〜熊谷間の開業までさかのぼる。対して、池袋〜田端間は山手線の全区間の中でも後発で、明治36年（１９０３年）になってから。大塚・巣鴨はその時点で開業したが、それでも田端駅よりも7年遅れている。つまり田端駅は利用者という点で末っ子でも、歴史的には立派な長男なのである。

さらに、田端駅には他にも書かねばならないことがいくつもある。

ひとつは田端駅が山手線の終点だということだ。山手線はぐるりと一周の環状運転だが、あくまでもそれは運転系統上の話であって、正式な路線名としての山手線は品川〜田端間。東京〜田端間は東北本線への乗り入れというのが正しい説明になる。だから田端駅は山手線を語る上で、ひとつのキーポイントなのである。

また、駒込から田端までやってくる間の車窓を見ても、語るべきところが多い。

言うまでもないのが、駒込～田端間にある山手線唯一の踏切「第二中里踏切」の存在だろう。この踏切のところで並行している山手貨物線は掘割のだいぶ下を通っていて山手線と高低差があるため、南側からだとまず貨物線を跨ぐ跨線橋を通り、それがそのまま踏切に通じている。北側にある大きなゴルフボールもこの踏切のシンボルである。

ただ、この名物踏切もどうやら近々なくなることになりそうだ。平成30年（２０１８年）に建設通信新聞が報じたところによると、北区とJR東日本が第二中里踏切改良に向けて協議を進め、令和2年度（２０２０年度）中に改良計画をまとめるという。最後の踏切が山手線から消えるとなれば寂しさもあるが、そこは超高頻度運転の山手線のこと。この踏切は1時間のうち40分も閉まっている。安全を考えればないほうがいいに決まっている。

空を見ながら崖を下る山手線。向こうの高架は新幹線

それに山手線はどうやら自動運転のターゲットにもなっているようだ。となれば、この踏切は喉の奥に刺さった小骨のようなものなのだ。

この踏切を通過したところでもすぐに新たな見どころがやってくる。田端駅に向かって山手線は急勾配を降って武蔵野台地の崖下に降りていく。その途中で南側に並行していた山手貨物線が山手線の下を潜って中里トンネルに入り、東北本線へと合流するべく分かれていく。この中里トンネルのおかげで、湘南新宿ラインという運転系統が実現可能になったわけで、乗っていると見逃してしまうほどに短いトンネルだがその重要性は大きい。これが昭和3年（１９２８年）にできたというのだから、鉄道網整備にかける先人たちの思いやいかばかり。

山手貨物線の中里トンネル以上に短いトンネルが、この少し先の山手線にもかつて存在していた。その名も道灌山トンネル。今では坑門の一部が残っているだけだが、開業時から昭和3年の中里トンネル開通にあたっての線路付け替えまでは少なくとも現役で使われ続けていたようだ。トンネルにせずとも切り通しで充分だったと思われるくらいの短さだったという。道灌山というのはこのあたりから日暮里駅の西側のあたりまで舌状に伸びている武蔵野台地の突端の高台。江戸時代から見晴らしがよく虫の音を聴くことのできる風流な地として知られており、その風致を守るためにあえてトンネルにしたのだとも言われている。

ちなみに、現在山手線にトンネルはひとつもないが、かつてはこの道灌山トンネルともうひとつ、永峯トンネルというトンネルがあった。永峯トンネルは現在の目黒駅、目黒通りの直下にあったという。当時は目黒駅のホームも今よりだいぶ短かったので、トンネルで台地上に上っていく構造をとっていたのだ。大正7年（1918年）の複々線化工事に際して、永峯トンネルは姿を消している。それから昭和3年までは、道灌山トンネルが「山手線唯一のトンネル」であった。

お客の数はワースト3も、〝鉄道の町〟は駅前の陸橋で

このように山手線の〝沿線名物〟ともいえるかつての〝最後のトンネル〟跡地と現在の〝最後の踏切〟を立て続けに車窓から眺めつつ、右にカーブしながら一気に台地を駆け下りる。そして右手に武蔵野台地の崖と寄り添いながら少し走ったところで田端駅である。

田端駅の構造自体は実にシンプルである。乗り入れている路線はＪＲ東日本の山手線と京浜東北線だけ。地下鉄や私鉄のターミナルになっていないという点において、田端駅を地味な存在にしてしまっているのだろう。ただ、京浜東北線との接続は重要である。

田端駅から田町駅まで、山手線と京浜東北線は方向別複々線という構造をとっている。どういうことかというと、中央の2線が山手線で外側の2線が京浜東北線。そして海側が南行（山手線で言えば外回り）、山側が北行（山手線では内回り）。

同じ方向に向かって走る山手線と京浜東北線は同じ島式ホームを共有していて、対面乗り換えが可能なのだ。

同じ区間を同じように走っているのだからどうということもない気がするが、これがなんともありがたい。京浜東北線には時間限定ながら各駅停車だけでなく快速も走る。つまりは田端〜品川間において、山手線が各駅停車、京浜東北線が速達の快速、という〝役割分担〟が成立しているのだ。

そうなると、例えば大塚駅から山手線に乗ってきて田端駅で対面ホームの京浜東北線の快速に乗り換えれば、いち早く目的地に向かえることになる。そりゃもう、実に便利ですね。

ただ、田端駅に関してはちょっとだけ注文をつけたい。筆者は田端駅でこの対面乗換を利用する機会はあまりないので文句をいう筋合いもないのだが、少しだけなので許していただこう。

例えば、池袋方面から京浜東北線の東十条駅や上中里駅に行く場合を想像してほしい。すると田端駅で京浜東北線に乗り換えることになるが、その場合は対面乗り換えではないのでわざわざ階段を上り下りして隣のホームに行かねばならぬ。だったら、せめて田端駅だけでも山手線外回りと京浜東北線の北行を対面にしていただけると助かるんですけどね……。まあ、複雑な立体交差を駅の前後でやってのけねばならないので難しいのはわかるし、これで得するのはせいぜい上中里と東十条に行くときくらい（赤羽なら池袋から埼京線に乗ればいいし、王子なら駒込から地下鉄南北線だ）なので、今のままでなんの不満もないけれど。

いずれにしても、東京の東側を生活圏にしている人は、山手線と京浜東北線は不可分一体の関係として刷り込まれているに違いない。田端から上野、秋葉原、東京を経て品川まで（もちろん新駅の高輪ゲートウェイ駅も含まれる）揃って並んで仲良く走っているのだ。そのスタート地点が田端駅だから、やはり山手線を語る上で田端駅の存在は大きい。

さらに「鉄道」という点においても田端駅は大きな存在である。

田端駅に向かって高台から滑り落ちてくる途中で、車窓から何やら高架の線路が見える。これは東北新幹線の高架橋（もちろん上越新幹線や北陸新幹線も走ります）。そして田端駅より少し北側、高架の奥に新幹線の車両基地が広がっている。その名も東京新幹線車両センター。ＪＲ東海の東海道新幹線は車両のタイプが限られているし、そのデザインはどれも似たりよったり。ただ、ＪＲ東日本の場合は見た目もカラフルな多様な車両があるから、何本もの新幹線車両が並んでいる姿は見ているだけでも楽しいものだ（まあ、田端駅前の陸橋から見えます、と言えればいいのだが実際は遠すぎて見えやしない）。

そしてこの新幹線の車両基地のさらに北側には尾久車両センター。宇都宮線や高崎線の車両が留置されているほか、かつては「北斗星」「カシオペア」の車両を担当していたこともある名物車両基地であり、今は「TRAIN SUITE 四季島」も尾久車両センターの受け持ちである。ま、こちらも田端駅前から見ることはできないけれど。

ともあれ、この車両基地の存在は田端に「鉄道の町」という顔を与えている。田端駅前の陸橋を渡った先にあるホテルメッツは〝トレインビューホテル〟として知られる存在だし、駅前の新田端大橋の傍らにある歩行者専用の「田端ふれあい橋」には新幹線の車輪やノーズが展示されている。さらに駅の近くの小さな公園にも鉄道にちなんだものがいくつもある。あまり関係ない気もするが、JR東日本の東京支社も田端駅前。田端はやはり鉄道の町である。が、それだけで終わってしまってもつまらない。

田端駅までずっと山手線に乗り続けてやってくるとわかるのだが、明らかに空が開ける瞬間がある。駒込からの坂を降って右手にカーブする頃合いがそこだろうか。正面を横切っている新幹線の高架がジャマと言えばジャマだが、それでも今まで掘割の土手とそれに沿って立ち並ぶビルばかりを眺めてきたのに、急に前方がパッと広がる。田端駅の手前で武蔵野台地を降りるから、その瞬間だけこういう眺望が与えられるのだ。

田端駅は台地のへりにへばりつくように設けられているから、駅のすぐ南側は土手（というよりは崖）になっている。その崖上には南口という実に小さな、まるでローカル線の駅のような駅舎が建つ。アトレヴィも入っている正面の駅舎とその周辺はそれなりに多くの人で賑わうが、こちらは人影もまばらな静かな出入口。山手線にこんな静かな駅舎があろうかと言いた

駅前の「田端ふれあい橋」には鉄道の遺産が展示

無人駅舎の南口は崖の上にぽつんと

くなるほどだ。

田端駅の南側の崖上（高台の上）は文字通り閑静な住宅地。戦前には芥川龍之介を始めとする文豪が集い、田端文士村などと呼ばれていたくらいで、つまりは高級住宅地なのである。眼下に車両基地を望める高台の高級住宅地など、実に楽しそうだと思う。

そしてホームと高台を隔てる崖は湧き水もあったようで、崖の石壁には苔がむす。湧き水を引いて小さな池を作り、鯉や金魚を泳がしていたこともある。密かな田端名物になっていたが、耐震工事に際して平成30年に姿を消している。さかのぼればこの崖が石壁ではなかった昭和40年代までは地元の人が花を植えてお客の目を楽しませたこともあったらしいが、それも今はない。台地突端の風流な田端を彩った文士たちの交流も道灌山トンネルもホームの土手の花も鯉も、すべてが消え失せて田端駅は映画『天気の子』の聖地になったのである。

たばた

【所在地】 東京都北区東田端
【構造】 地上駅
【開業】 明治 29 年（1896 年）4 月 1 日
【接続路線】 京浜東北線
【山手線ホーム】 2 番のりば（内回り）、3 番のりば（外回り）
【1 日平均乗車人員】 47,440 人（山手線中 27 位）

第4章

山の手から下町へ、台地の崖下を――

西日暮里～神田

道灌山を切り開き、通した道の真上にできた山手線〝新駅〟

JY
08

西日暮里

様々な路線がダイナミックに交わる

下町がどこを指すのか、山の手がどこを指すのか。いずれもなんとも定義が曖昧だからハッキリしたことは言えない。ただ、少なくとも山手線は「山の手を走る」ところから来ている命名であろうことは間違いなさそうである。ここでいう山の手とは、下町の対義語というよりはいわば高台の上、武蔵野台地上を走ることにある。事実、正式名称としての山手線品川～田端間を見ると、目黒駅手前で半ば強引に高台上に分け入ってからは一貫して武蔵野台地上を走り続け、田端駅の手前で源義経の〝鵯越の逆落とし〟の如く崖を駆け下りる。そこから先は、ずっと台地の下の低地をゆく。下町、というのはまさにこのあたりのことを指すのであろう。

田端駅を出てからしばらく山手線は武蔵野台地の東端、崖にへばりつくようにして走る。そしてこの西日暮里、日暮里あたりまではさまざまな鉄道路線がダイナミックに交わる区間である。

田端方面から描写してみよう。まず山手線の左手に並行している新幹線の高架のさらに奥から分かれる路線がある（たぶん車窓からは見えないですけどね）。この線路は三河島駅付近で常磐線に合流する。もともと、常磐線は田端駅を分岐点としていて、スイッチバックして土浦方面を目指していたのだ。その名残が貨物線として残っているというわけだ。

ついでちょうど西日暮里駅のあたりで東側から複々線が豪快に合流してくる。これは東北本線（宇都宮線、高崎線のことだ）で、尾久車両センターの東側を通

駅舎は高架下。改札は小さく、地下鉄乗り換えがメインの設計

るために合流（上り下りの理屈からいうと分岐だが）が西日暮里駅付近になる。ただ、西日暮里駅には止まらない。

ついでいったん西日暮里駅を通り過ぎると、左手から2本の路線が日暮里駅めがけて合流してくる。最初は京成本線で、その下を潜って常磐線。こうしてたくさんの路線がここで相まみえて都心に向かうのである。

ここで再び西日暮里駅に戻らねばならぬ。常磐線はかつて田端駅を分岐としていたということは書いたが、その名残の貨物線と日暮里駅から分かれる常磐線の本線、そして山手線という3つの路線で囲まれたいわばデルタ地帯。そのうち、山手線側のちょうど真ん中付近にあるのが西日暮里駅である。

西日暮里駅が武蔵野台地の崖下にあることは、前後の他の駅と同様である。西日暮里駅固有の特徴と言えるのは、高架駅という点だろうか。田端駅から右手に台地の崖を見ながら地上を走ってきた山手線は、西日暮里駅の手前でグイッと上り坂を登って高架に突入。頂きのあたりで西日暮里駅のホームに入り、出発するとまた降って高架から地上に降りる。つまりわざわざ西日暮里駅のところだけが高架なのだ。

ホーム中央の階段を降りて高架下の駅舎から出るとこの構造の理由がわかる。駅前（といってもロータリーがあるような駅前ではなく単なる高架下、ではあるが）を走る道灌山通りは、その名の通り道灌山をモーゼのごとく切り開いて通した道なのだ。道灌山通りを切り通しにするにあたって、山手線を高架にして少し高くした結果、西日暮里駅付近が高架となったのである。

と、こういうことからわかる通り、西日暮里駅の西側一帯は道灌山という。田端駅の項でも登場した武蔵野台地の東端の高台のことをいうが、かつては筑波山や日光連山まで望める風光明媚な場所だったようだ。道灌山通りの両脇がそうとうに高い石壁になっているところからも、道灌山がいかに高い〝山〟なのかがよくわかる。日が暮れるまでいても飽きない、というところから日暮の里、日暮里という地名が生まれたらしい。

山手線の駅で唯一の〝他路線が先行開業〟

さて、ここで再び西日暮里駅である。

この原稿を書いているのは令和2年の年明けだ。まだ高輪ゲートウェイ駅は開業していない。つまり、今現在山手線で最も新しい駅はここ西日暮里駅ということになる。

山手線の西日暮里駅の開業は昭和46年（１９７１年）4月20日。50年近く前のことだから古いような気もするが、この区間に線路が通ったのは明治16年（１８８３年）だということから考えれば実に遅い。その上、お隣の日暮里駅まではたったの５００ｍしか離れていない。これはただでさえ駅間距離の短い山手線において、最も短い駅間として有名である。

ともあれ山手線で最も新しい駅は、山手線の地位が揺らぐような経緯で開業している。もともと西日暮里駅を名乗る駅は山手線ではなく現在の東京メトロ千代田線の駅として生まれた。場所は今と変わらない。つまり、西日暮里駅は地下鉄の駅が先行し、あとから山手線の駅が開業したのだ。地下鉄西日暮里駅の開業は昭和44年（１９６９年）12月20日であった。

ただ、よく考えてもらいたい。西日暮里駅と日暮里駅は５００ｍしか離れていない。歩いてもものの数分である。当初の計画では地下通路で接続させるという案もあったようだし、実際それでも充分ではないかと思うのだ。

もちろん乗り換えで歩かされるお客にとっては不便だという意見もあろう。しかしたかだか５００ｍ、ゆっくり歩いても10分とかからない。東京駅で京葉線に乗り換えるのと比べれば遥かにマシである。その程度の距離なのにわざわざ当時の国鉄さんは、西日暮里駅を開業させた。

お客の利便性向上、といえば聞こえはいい。だが昭和半ばの国鉄はサービス向上と言っても増え続ける通勤客をいかにして裁くのかという点ばかりに目がいっていて、複々線化とかそういう取り組みには熱心だったが、乗り換え客が不便しないように、などと考えていたとは思えない。それに、５００ｍどころかもっと離れている乗換駅はいくらでもあるではないか。

そこで地下鉄千代田線に答えを求めた。千代田線は綾瀬駅から代々木上原駅までを結んでいるのだが、代々木上原からは小田急線、綾瀬駅からは常磐線に直通している。問題になるのは常磐線側で、この千代田線の乗り入れは混雑が激しい常磐線の乗客を分散させることがひとつの目的であった。複線だった常磐線を複々線化して快速線と緩行線を分離。そのうえで緩

道灌山を切り取って通した道灌山通りを高架で跨ぐ

行線を千代田線に直通させるというのがその計画だ（実際そのとおりになった）。

つまり、地下鉄の問題だと言っても、実のところは国鉄側の輸送力増強が目的であった。そしてその千代田線が山手線と交わったのが西日暮里駅付近。これだけ国鉄の事情が関わっているのだから、山手線との交差地点に駅を設けなければ罰当たりというものだ。

と、こういう経緯であろうと推察してみたのだがどうだろうか。現実にはもっと込み入った事情があったのか、それとも「交わるんだから駅作ろうぜ」とあっさり決まったのか、それはわからない。いずれにしても千代田線開通から1年半遅れて山手線の西日暮里駅が開業した。他社の路線が先行して開業した山手線駅は、西日暮里駅だけである。

ちなみに千代田線と常磐線の直通は、当初「迷惑乗り入れ」などと言われて評判はサイアクであった。乗り入れ当日の北千住駅の様子を読売新聞が書いている。少し引くと次のとおりだ。

東側のガード下には飲食店が並ぶ

「なんだ、このダイヤは。これでは二度乗り換えが、三度になったではないか」——金町から錦糸町に通勤する会社員（43）は、真っ赤な顔で、北千住駅駅長事務室にどなり込んだ。「便利になるとばっかり宣伝して、何が便利だ。こんな乗客不在のダイヤをだれが作った。総裁をここに呼んで来い」と、北千住駅員の胸ぐらをつかんで、今にもなぐりかからんばかり。まわりの乗客もこれに加勢。「こんなダイヤを造るから国鉄は赤字になるだ」「駅長が連名でエラい人に、ダイヤ直せと直訴しろ」——ブツブツが、しまいには怒りの爆発にかわった。

この〝迷惑乗り入れ騒動〟もいつしか沈静化し、今では誰も不満に思わずにすっかり定着している。世の中とはそんなものなのだ。

にしにっぽり

【所在地】 東京都荒川区西日暮里
【構造】 高架駅
【開業】 昭和 46 年（1971 年）4 月 20 日
【接続路線】 京浜東北線・東京メトロ千代田線池袋線
【山手線ホーム】 2 番のりば（外回り）、3 番のりば（内回り）
【1 日平均乗車人員】 100,940 人（山手線中 19 位）

日暮里駅東側の広場。横切るのは日暮里・舎人ライナーだ

NPR JY 07

日暮里

常磐線と京成が分かれる首都圏東部へのターミナル

周囲に大規模な繁華街やオフィス街はない

ターミナルという言葉をどう定義するのかはいろいろあるだろうが、日暮里駅は山手線における主要なターミナルのひとつに挙げていいだろう。

まずだいいちに、日暮里駅は常磐線が分かれる駅である。常磐線に乗ろうと思えば東京駅や品川駅から上野東京ラインを利用するもよし、上野駅から向かうもよし。まあたいていはそういうルートを取るだろう。ただ常磐線は日暮里駅までは山手線や東北本線と並んで走り、ここから分岐する。常磐線、すなわち土浦とか水戸とか、そこまで遠くまで行かずとも北千住や松戸あたりを目指す人にとって、日暮里駅はひとつのターミナルとなる。

またもうひとつ、京成電鉄の存在がある。京成の都心におけるターミナルは京成上野駅がいちばんに挙がる。ただ、京成上野駅はJRの上野駅から少々離れていて、利便性の高いターミナルとは言い難い。むしろ構内で簡単に乗り換えることのできる日暮里駅のほうが上回る。利用者数にもそれは現れていて、京成上野駅の1日の乗降人員は5万8１8人。対して日暮里駅は10万5１28人と倍以上である。京成の山手線接続のターミナルは日暮里駅を置いてほかにないのだ（ちなみに京成で一番利用者の多い駅は日暮里ではなく押上駅、次い

で京成高砂駅である）。

そういうわけで、この郊外への2路線が日暮里駅をターミナルたらしめているのである。京成にいたっては成田空港に向かうスカイライナーも発着するから、ターミナル感に満ちあふれているといっていい。

ただ、そういう駅であるわりに日暮里駅は地味である。その立地が地味なのか、駅のすぐ西側の高台の上には谷中霊園が広がり、東側の低地部はゴミゴミとした下町という周辺の印象がゆえなのだろうか。確かにターミナルは巨大な駅ビルにいくつもの路線が入り組む複雑な構造、そして周辺に広がる繁華街とオフィス街がつきものである。なのに、日暮里駅にはそれがない。そもそも乗り入れている路線自体が、常磐線と京成、そして山手線・京浜東北線を除けば日暮里・舎人ライナーだけであって、その点においてはいささかインパクトが弱い。

となると、日暮里駅の本質はどこにあるのだろうか。それを探るべく日暮里駅を歩いてみよう。

西日暮里駅から日暮里駅までは、ご存知の通りたったの500m。加速性能に優れた山手線の最新鋭E235系も、その本領を発揮するまでもなく西日暮里からの高架を降る惰性のままに日暮里駅に到着する。山手線のホームはいちばん崖側、京浜東北線に挟まれた10・11番のりばを使う。11番のりばが内回り、10番のりばが外回りである。

台地下の低地側にあわせた高さを走っていて、線路をまたぐ下御隠殿橋に通じる出入り口が正面と言うべきであろう。本来、ターミナルたる立派な駅であれば明らかに駅の顔たる威厳を備える正面駅舎があるものだが、日暮里駅はこの点からして少し違う。下御隠殿橋から日暮里駅の駅舎を振り返っても、正面らしき立派な設えは見られない。むしろ、高低差のある狭いエリアに強引に出入り口を設けたんだろうと思うくらいである。

ならば低地側はどうか。下御隠殿橋を東に歩くと東側の駅舎に出る……と思いきや、まったくそんなことはなかった。下御隠殿橋よりも一段高いところを通る京成の高架の下をくぐると、道は大きく右にカーブ。線路とビルの間に挟まれた薄暗い細い道に変貌する。人が歩いてダメということはなさそうだが、事実上自動車専用といえる。そしてその一角に、人が3人も並んで歩けばいっぱいになるくらいに小さい駅舎への出入り口があり、「京成電鉄　日暮里駅」の文字。

いちおう東側にはロータリーがあってこちらが正面ですよと振る舞っているのだが、そこに出るためにはこうした細い車道から駅の横に並んでいるビルの中を通り抜けるか、下御隠殿橋からまっすぐいった先にある日暮里・舎人ライナーの高架駅の下につくられた階段を降りるか、それしか方法がない。こういうややこしい構造が、日暮里駅の全貌を掴みにくくしているのだ。

下町ムードの下御隠殿橋から見下ろす14本の線路

ＪＲの日暮里駅にはもうひとつ出入り口がある。名付けて南改札口。鶯谷駅よりの階段を登ると小さな改札口に通じていて、そこは跨線橋のちょうど真ん中。トンガリ屋根が印象的な小さな駅舎があって、自由通路になっている跨線橋を東に行って階段を下れば広場に出る。反対の西側に行くと、谷中霊園の広がる崖上である。

この改札口は平成元年（１９８９年）７月８日に供用を開始した。もともと日暮里駅の南側は東西ともにアクセスの便が悪く、地元の荒川区は長年南口の設置を求めていた。最初に国鉄側に要望したのは昭和48年（１９７３年）。しかし建設費用の負担を巡って議論がまとまらず、平成に入ってからの完成にずれ込んだのだ。聞けば、国鉄時代は駅舎建設費を地元自治体が負担することはできず、かといって赤字まみれの国鉄にそんな余力はなく、話が進まなかった。それが民営化によって自治体が負担することが可能になって、一気に完成までこぎつけたという。

もういちど下御隠殿橋側に戻ろう。下御隠殿橋から西に少し歩けば階段があって、いわゆる「谷中銀座」に通じる。〝夕やけだんだん〟である。谷中銀座の最寄り駅というところも、日暮里駅がターミナルというよりむしろ下町の玄関口のような印象にしている要素だろうか。

下御隠殿橋から駅舎に入る。この改札口は北改札口といい、実に広々としたコンコースにつながっている。もともとは通路

跨線橋の真ん中に小さい南口の駅舎

があるだけの小さなコンコースだったが、人工地盤を築いて鶯谷方の通路にまでコンコースを拡大、さらには駅ナカ商業施設もいくつか入った現在の形になったものだ。

で、このコンコースを見回していると気になることがあった。それはのりばに与えられている番号だ。山手線が10・11番のりばを使っていることはすでに書いた。山手線を挟む京浜東北線は9・12番のりば。だが、そもそも日暮里駅には他に常磐線のホームしかない。東北本線（宇都宮線・高崎線）もこの区間を通っているがホームがなくもちろん停車しないので、事実上常磐線と山手・京浜東北線だけの駅である。そして常磐線は3・4番のりばを使っている。となると、1・2・5～8番のりばが欠番なのだ。いったいどういうことなのか。欠番のナゾを解き明かすべく、少し歴史を紐解いてみよう。

関東大震災直後の日暮里駅。避難列車に大勢のお客が殺到

日暮里駅の開業は明治38年（1905年）4月1日。この区間には日本鉄道の路線がすでに開通していたが、日暮里駅開業は三河島方面、すなわち現在の常磐線が開業したことに伴うものだ。昭和6年（1931年）に京成電気軌道（現在の京成電鉄）が乗り入れる。そしてこのとき、ホームの東側（つまり京成側）から順番に線路に番号を振った。結果、京成

下御隠殿橋に接する駅出入り口。駅舎の存在感のなさが特徴?

下御隠殿橋は鉄道見物の名所のひとつ

が1番のりばと2番のりばを頂き、常磐線が3・4番のりばを利用するようになったのだ。で、さらに東北本線のホームがあり、その〝電車線〟である山手線のホームと続いていた。

すなわち、JR日暮里駅において1・2番のりばが欠番なのは、京成にそれを譲っているからである。現に、今も京成は1・2番のりばを名乗って利用している。京成ホームは平成21年（2009年）に1階と3階に分かれる上下二層構造に改良されているが、それに伴って新たに増えたのりばは「0番のりば」を名乗って、番号の規則性を保っている。

では、5〜8番の欠番はどうなのか。ここで昭和27年（1952年）に時計の針を進めよう。

この年の6月18日、日暮里駅で8名が死亡する事故が起きている。事故の概要はこうだ。

日暮里駅構内の南側にあった乗り換え用の跨線橋の西端、10番のりばに面した羽目板がちょうどラッシュアワーで溢れるお客の重さに耐えきれなくなって破損。数十人が線路上に転落し、そこに京浜東北線の浦和行電車が通りかかって次々とはねられて8名が死亡した——。

当時の通勤ラッシュの激しさが感じられる、実に悲惨な事故である。戦争が終わってまだ7年、山手線と京浜東北線が同じ線路を使っていた時代で、跨線橋などの駅施設がボロボロだったことが事故の最大の原因であった。

そして当時の事故現場を示す図を見ると、常磐線と山手・京浜東北線のホームの間に2面の東北本線のホームがあることがわかる。つまり、この東北本線が5〜8番のりばだったのである。なお、事故後に高台の崖を削るようにしてホームを拡張し、11・12番のりばが新たに設けられている。

では東北本線のホームはいつ消えたのか。実はこの事故の時点で東北本線の列車が日暮里駅に停まることはほぼなくなっており、まったくの無用の長物であった。それでも長らく放っておかれていたのだが、新幹線を通すスペースを確保するために東北本線ホームに白羽の矢が立った。そうして昭和52年（1977年）に東北本線のホーム2面が撤去され、5〜8番のりばが欠番になったのである。

なお、新幹線は山手・京浜東北線と東北本線のちょうど間を通っており、日暮里駅のあたりで地下に潜る。地下に潜る直前の新幹線の姿は駅前の下御隠殿橋から見下ろすことができる。さらにこの区間には山手・京浜東北はもちろん、宇都宮線に高崎線、常磐線が並んで走り、東の端には京成も通る。新幹線を含めればJRだけで12線、京成が上下二層の複線だからそれもあわせれば14線。これだけの線路が揃って横並びなのは全国広しと言えどもここだけである。つまり、日暮里駅は〝日本一たくさんの線路が並ぶ駅〟である。

間断なく行き交う電車とそれを見下ろす親子連れ。それが日暮里駅ならではの光景なのだ。

にっぽり

【所在地】 東京都荒川区西日暮里
【構造】 地上駅
【開業】 明治38年（1905年）4月1日
【接続路線】 常磐線、京成本線、日暮里・舎人ライナー
【山手線ホーム】 10番のりば（外回り）、11番のりば（内回り）
【1日平均乗車人員】 115,092人（山手線中17位）

北口駅舎は実に小さく、売店も見当たらない

JY 06

鶯谷

朝のラッシュ時にはホーホケキョがお客を癒やす

ここまであからさまな駅もそうそうない？

下町風情の日暮里駅から京成本線の線路をくぐり、続けて言問通りの寛永寺陸橋をくぐるといよいよ車窓の東側に見えてくる。鶯谷のラブホテル群である。山手線のすべての駅の中で、ここまであからさまな駅はそうそうないだろう。何しろ上野から日暮里方面まで、その逆でもいいのだが山手線に乗って低地側の車窓を見ていると、嫌でも鶯谷のラブホテル群が目に入るのだ。とてもじゃないが子供には見せたくないし、見せちゃいけない。「アレってなんのホテル？」などと聞かれたらどう答えればいいのか。きっと困ったことのある人もいるだろう。

まあ、昼間ならばラブホテル群とてさほど目立たないからまだいい。ところが夜になるとラブホテルのネオンサインが実にいやらしい輝きを放つ。夜のネオンといったら歌舞伎町も同様で、あちらも上品とは言えない店が多い町。ただ、それ以上に〝歓楽街〟としての賑やかさやパワーを感じるところがあって、ただただいやらしいわけではないのだ。ところがネオンのほとんどがラブホテルという鶯谷はそうではない。ギラギラと輝く鶯谷のラブホテル群のネオンサイン。もうラブホテルだとかなんだとかは意識することもなくなり、このあたりの車窓のひとつに定着してしまっている。

反対の崖側を眺めてこの上には寛永寺の墓地があって、その向こうには国立博物館とか上野公園があるんだなあ、などと考えていたら鶯谷のラブホテルなど目にも入らないから、それもいい。ただ、どちら側の窓を向いて立つのかなど混雑する山手線では自分の思う通りにはならないから、やむを得ず鶯谷の車窓を眺めねばならぬことも多い。そういうわけで、この区間の山手線を利用する人には避けようにもままならない鶯谷。もう敢えて縁がないならば興味本位で降りたりはしないほうがいいですよ、と言ってしまおう。

鶯谷駅のお客は山手線でいちばん少ない。平成30年度（2018年度）の1日の乗車人員は2万6148人。JR東日本全体でも162位で、馬橋とか新八柱とかその辺と並ぶ。ド田舎の駅ほどではさすがにないが、郊外のとくに知られてもいないような駅とさして変わらないお客の数。それが、天下の山手線において上野駅の隣にあるのだ。そしてその駅前には燦々と輝くラブホのネオン。興味は湧くが、さりとて降りる気にもなれない、そういう駅だ。

では、そんな鶯谷駅にいよいよ降りてみよう。

この区間、山手・京浜東北線は山側の台地の崖にへばりついて走る。低地側に向かって東北本線や常磐線の線路が広がっているのだ。だからとうぜん、鶯谷駅の山手・京浜東北線のホームは崖側にあって、そこから地下の通路で改札口までつながっている。この連絡通路にはウグイスの壁画が飾られて、ホームも朝のラッシュ時にはウグイスの鳴き声が放送される。地下通路とは反対、ホームの上野寄りの端っこから階段を登ると赤い瓦が印象的な小さな駅舎もあって、こちらは実に閑静である。

すぐ隣は寛永寺の墓地で、国立博物館や上野公園も近い。小さく古びた駅舎にふさわしい小さなロータリーもあって、そこにはタクシーが来たり来なかったり。たまにやってくる送迎のクルマには恰幅のいいオジサンが乗り込んでゆ

南口は橋上駅舎で、寛永寺墓地に隣接

く。行き交うお客の数も少ないが、こちらを見ていれば「ああ、静かな駅だなあ」と落ち着いた気分になれるのだ。が、そんなことでは現実から逃げているだけである。鶯谷の本質は、事実上上野の町の一部に組み込まれているような上野台地の上にある小さな駅舎にはない。

下品なネオンと個性派風俗の町・鶯谷と風流な地・根岸

そこで諦めて再び地下の通路に戻ろう。

地下通路から東北本線・常磐線の6本の線路の下を歩いて北口の駅舎に出る。先ほど立ち寄った南口は小さいといっても立派な瓦屋根の駅舎だったが、こちらはそこまでの規模ももたない（というか大きさは似たようなものだ）、まるでプレハブのような駅である。自動改札など3つしかないくらいだ。そして駅を出た先の駅前もまるで袋小路のような小さな路地の先である。

駅舎を出て目に入るのは、まずコンビニ、そしてその隣にはいつから営業しているのかどうか、古い中華料理店や定食屋、居酒屋。チェーン系とはまったく違う、テーブルのシミに伝統と町の歴史が染み付いたような古臭い居酒屋は、こうした庶民派の町にはふさわしい。駅前の『信濃路』という店には、芥川賞作家の西村賢太がよく通っているという。うーん、イメージどおりある。

そしてその路地をずっと進んでいくと、5分もしないうちにお待ちかねのラブホテル街に突入する。線路沿いにずらり、途中の細い路地を入ってもズラリ。合間合間に普通の民家やマンション、アパートのたぐいもあるにはあるが、ほとんどがラブホテルで占められている一角である。

鶯谷のラブホ群はこの一角にとどまらず、北口駅前から北側の一角もそうだし、言問通りを越えた先にも広がっている。これだけラブホテルが集まっている町などほかにはそうそうないのではないか。地方の高速道路のインターチェンジの脇にもラブホ群はあるが、それだってここまで軒数が多いわけではなかろう。

例えば池袋の北口、新宿の歌舞伎町、渋谷の円山町。このあたりも有名なラブホ街であるが、やはり鶯谷に及んでいるとは思えない。それに何より、鶯谷の場合は駅に近すぎる。駅前、と言ってもいい。これならばいざシケこむにあたっては便利

駅から2分も歩けばラブホ街のネオン

なことでしょうね……。

が、いったいこんな鶯谷のラブホテルを誰が使うのか、という気もするのだ。山手線の駅から徒歩0分という至近距離は便利だが、こういう施設は便利だからいいというわけではない。男女2人足並み揃えて鶯谷駅で降りていったら、周りのお客は「ふーん、そういうことか」てなもんである。その男女が明らかに不釣り合いなオジサンと若い女子だったりすれば、ますます「そういうことか」である。今日日、若いカップルがわざわざこんな町のラブホテルに行くことはあるまい。

となると、もう答えはひとつしかない。そのたぐいの、わかりやすく言えば風俗店のお客がこのラブホ街の中心的な利用者なのだろう（むろん不倫カップルもいるだろうが）。事実、鶯谷には派遣型の風俗が実に多い。ただそれも人妻だとか韓デリだとか、一風変わった王道とはかけ離れた店が多い。そういえば、鶯谷デッドボールという、キワモノ（ゴメンナサイ）を集めた店もあった。ともかく、最近増えているとかいうごく普通の〝素人っぽい〟子がいるようなデリヘルとか、職業意識の高いプロが揃う吉原のソープとか、そういう店とは明らかに違うラインナップなのだ。

鶯谷のなんともやさぐれた雰囲気はそうしたところに起因しているのだろう。王道のプロフェッショナルが揃うならプロ向けの深夜営業の飲食店が並ぶし、キャバクラなどがセットになった歓楽街なら華やかな雰囲気もある。それが鶯谷は、やはりやさぐれている。華やかではない。しなびてい

電車運転がはじまった頃の鶯谷駅。基本的な構造は今と同じだ

る。山手線の中における、鶯谷駅の地位がまるで現れているように。

悪口ばかりになってしまったが、鶯谷駅にはもうひとつの一面がある。駅の所在地は台東区根岸。根岸という町は戦前まで東京でも特に風流な町として親しまれていたという。その残滓はラブホ街の中のあちこちに見られる。代表格が子規庵、正岡子規最期の地である。

正岡子規は東京に暮らしている間、この根岸に居を構えた。『病牀六尺』を著したのもここ根岸。「雀より 鶯多き 根岸哉」という句も詠み、その句碑が根岸小学校の前に建っている。さらに豆腐料理の老舗「根ぎし 笹乃雪」や落語家林家三平の記念館である「ねぎし三平堂」、パワースポットの元三島神社……。下品なラブホのネオンとはまったく正反対の風流な施設がいくつも点在しているのだ。

いったい、そんな風流な町がどうしてラブホ街になってしまったのか。それはお隣が北の玄関口・上野駅であることと深く関係している。

戦争が終わり、焼け野原になった鶯谷（根岸）の町。そこの職を求めて北国からやってきた人たちが上野からあぶれて鶯谷へ。そこで焼け跡に簡易宿泊所が生まれる。いずれ経済が安定すれば簡易宿泊所を利用する人は減ってしまうので、連れ込み旅館に衣替え。それが今のラブホテルにそのままつながった……とか。上野駅に溢れかえった労働者や復員兵たちの存在が、風流な根岸を猥雑な鶯谷に変えるきっかけになったのである。

そういえば、鶯谷の風俗店が個性派揃いであることにも理由がある。鶯谷は交通の便がいいようでよくない。山手線・京浜東北線の各駅停車しか止まらないからだ。それでいて上野の隣だから不便というほどではない。そこで、少し離れた横浜とか埼玉に家を買った奥さんたちがひと目を忍んで働くにはちょうどいい。サラリーマンの聖

地である新橋とか、日本一の歓楽街の歌舞伎町では知っている人に会うかもしれないが、鶯谷ならリスクは低い。そういうわけで、鶯谷に人妻風俗店が多くなったのだという。

北の玄関口・上野駅のお隣で徒歩圏内。そして山手・京浜東北線の各駅停車しか止まらない便利なようで不便な駅。崖の上には寛永寺。そういう鶯谷駅の立地を見るにつけ、ラブホテル群・鶯谷はなるべくしてなったといっていい。

むろん、こういう風俗系のアソビは風流人の嗜みだった時代もあった。今の鶯谷のデリヘルはとうてい風流とは無縁だが、江戸のはじめ以来の吉原への玄関口という役割も実は鶯谷駅が担っている。上野公園にも近い南口の小さな駅舎。そこは吉原への送迎のクルマがやってくるポイントなのだ。となれば、黒塗りのクルマに乗っていった恰幅のいいオジサン、あれはきっと……。邪推するのはやめておこう。

うぐいすだに

【所在地】東京都台東区根岸
【構造】地上駅
【開業】明治45年（1912年）7月11日
【接続路線】京浜東北線
【山手線ホーム】2番のりば（内回り）、3番のりば（外回り）
【1日平均乗車人員】26,148人（山手線中29位）

昭和初期に完成した駅舎は今も変わらず

UEN
JY
05

上野

上野は幾多の名作の舞台、でも山手線はどこに？

旅情溢れる駅、望郷心をくすぐる駅という本質

上野駅は旅情の駅だという。また、上野駅は望郷の駅だという。たしかに上野駅はそういう役割を持っていた。

開業したのは明治16年（1883年）7月28日。日本鉄道が品川線、すなわち現在の山手線に先立って開業させた上野〜熊谷間の路線におけるターミナルとしての開業だった。いま山手線と呼ばれている環状運転の区間において、はじめて開業したのこの上野から分岐駅としてのちに開業した田端駅までということになる。ただ、これをもって山手線のルーツと呼ぶにはいささか無理がある。なにしろ、上野駅の次は王子駅。田端駅はもちろん鶯谷も日暮里も西日暮里もまだ開業していない。これらの駅は電車線と列車線というほとんど使われなくなった区分けでいうと電車線に該当する。当時の鉄道は今のような通勤通学ではなく、遠く離れた都市と都市を結んで貨物を運ぶことに主眼が置かれていたわけで、小刻みに駅を設ける必要などなかったのである。

そういう意味で、この時点での日本鉄道の上野からの路線は山手線のルーツとは言いたくない。それに現在も運転系統としては山手線に含まれるが、本来の山手線は品川〜新宿〜田端間。そう考えると、やはり新宿や渋谷といった山

手線を象徴するターミナルを当初から備えていた品川線のほうが、山手線の源流というにふさわしいのである。

そこで上野駅である。

上野駅は、最初に書いたとおりやはり旅情溢れる駅、望郷心をくすぐる駅というのが本質といっていい。開業から長らく東京の北の玄関口であり続け、東京を代表するターミナルを3つ挙げろと言われれば必ずそのひとつに上野駅は含まれる。

東北は岩手出身の石川啄木は「ふるさとの 訛りなつかし停車場の 人ごみの中にそを聴きにいく」と詠んだ。「はくつる」「ゆうづる」「はつかり」「あけぼの」「みちのく」「八甲田」「津軽」……。こうした歴史に名を刻む幾多の名列車も上野駅を出て北を目指した。戦後の高度経済成長期を支えた東北各地からの集団就職は、専用の集団就職列車を仕立てて上野駅にやってきたし、そういう意味で望郷心をくすぐる上野駅はまさにドラマの舞台であった。

ここで改めて引くのが恥ずかしいくらいだが上野駅が登場する作品も多い。石川さゆりの『津軽海峡・冬景色』は上野から北を目指す。中島みゆきの『ホームにて』は、明示こそされていないがきっと舞台は上野駅。ふるさとに帰るブルートレインに乗るかどうか逡巡する心の揺れが歌われている。最近も映画やドラマによく登場している。『ALWAYS 三丁目の夕日』では堀北真希演じる星野六子が集団就職列車に乗ってやってくるのはもちろん上野駅。NHKの朝ドラ『ひよっこ』でも、有村架純演じる谷田部みね子らが集団就職列車で上野に来る。

中学や高校を卒業して上京するときにまず上野駅、一旗揚げて故郷に錦を飾るときは上野駅から。夢を諦めたり愛する人と分かれてふるさとに帰るときも上野駅。とにかく出会いも別れも希望も絶望も、そうしたものが溢れかえっているのが上野駅だったのである。

そんな望郷の上野駅を象徴するのが井沢八郎の『あゝ上野駅』。昭和39年（1964年）に発表された集団就職でやってきた人たちの心情を歌う名曲で、上野駅のことを「俺らの心の駅だ」と言う。

広小路口を出た広場には「あゝ上野駅」の碑

開業当時の上野駅。当初から北の玄関口であった（『百年史』より）

『あ、上野駅』はすっかり上野駅のテーマとして定着し、上野駅の職員たちも朝礼で歌うことが通例だったという（今はどうだかわからない）。今でも16・17番のりばの発車メロディは『あ、上野駅』である。

このように上野駅は開業以来、その本質を望郷・旅情に求めていた。その中に、ほとんど山手線が登場する余地はない。上野駅が登場する映画や歌に、わざわざ通勤電車の山手線を登場させる必要もないし、そもそもそれでは作品の味もへったくれもなくなってしまう。今にしてもそうで、上野駅と言われて山手線をいちばんに思い出す人などそうはいまい。上野駅はあくまでも望郷のターミナルなのであって、山手線のターミナルではまったくない。

その点、やはり旧日本鉄道品川線に属する渋谷や新宿、池袋はやはり山手線のターミナルという雰囲気が強い。いくら渋谷が東急の城になり、新宿が世界一のターミナルになったといっても、根っこには山手線の強烈な存在感があるような気がするのだ。上野駅は、そうした山手線ターミナルの本流からは外れている。

「〝の〟の字運転」のはじまりが山手線の原型を築く

ただ、そんな上野駅でも山手線の存在が忘れられているわけでもない。だいいち、山手線（の外回り）が一番混雑するのは上野から御徒町にかけてなのだ。国土交通省が発表している路線別の再混雑区間のデータによると、平成25年（２０１３年）の上野〜御徒町間（外回り）はなんと２０２％に及ぶ。これには京浜東北線も含まれているのではないかと思うがそれでも実情は同じこと。山手線は上野駅で急激に混む。それが長年の上野駅の問題でもあった。

ところがそうした「山手線が混む駅」としての上野駅の存在感も、ここ数年は影を潜めてしまった。

上野〜御徒町間が激しく混んでいたのは、少し前まで上野から東京にかけては山手線と京浜東北線しか走っていなかったからである。常磐線や宇都宮線、高崎線に乗って埼玉や千葉・茨城方面からやってきたお客は、そこから東京方面に向かうためには山手線に乗り換えるしかなかったのである。だいたいこれらの郊外からの列車は地上の頭端式ホームに到着し、そこからコンコースを通って小さな階段を登り、高架ホームの3・4番のりばに向かう。山手線か京浜東北線か、先にやってきたほうに我先にと乗り込んで職場を目指すのだ。通勤地獄、極まれり。

ところが、平成27年（2015年）に上野東京ラインが開通する。これによって、常磐線・宇都宮線・高崎線方面から乗り換えることなく東京駅にピュッとひとっ飛び。山手線に乗り換える必要がなくなってしまった。上野駅でそそくさと山手線に乗り換えるお客は、途中の御徒町・秋葉原・神田に用がある人に限られる。やっぱり、上野駅における山手線の存在感は薄らいでいるのであった。

上野駅が堂々と「山手線の駅」と名乗れるようになったきっかけは明確だ。山手線「〝の〟の字運転」を開始した大正8年（1919年）である。池袋から田端までが開業した明治36年（1903年）の時点で上野駅から田端駅で方向を変えて山手線に入る運転は可能であったが、終点はあくまでも池袋。山手線の中心は開業時と同じように品川〜新宿〜赤羽のままだった。

それがこの「〝の〟の字運転」で状況が変わる。これは東京駅で中央線と山手線（というよりは東海道線）が接続したことによるもので、中野〜東京〜品川〜池袋〜上野をぐるりと回る電車の運転がはじまったのである。まだ上野から東京までが結ばれていなかったので環状運転にはいたっていないが、それに近い形が大正8年に完成したというわけだ。

山手線の歴史において画期となるタイミングはいくつかあって、明治18年（1885年）の品川線開業、明治36年の池袋〜田端間開業、そしてこの大正8年の「〝の〟の字

高架線は大正14年完成。現在の環状運転はこれによって実現（『上野駅100年史』より）

運転」。品川駅や新宿駅と上野駅が直接電車で結ばれたというこのタイミングは、環状運転を控えた山手線にとって大きなインパクトのあるできごとであった。

まあ、現実問題こうしたエピソードを歴史の中から掘り出してこなければ上野駅の中で山手線の存在感が際立つことがない。

今の上野駅に目を向けてみると、上野東京ラインが開通したおかげで朝の通勤時間帯も山手線の3・4番のりばに向かう人はだいぶ少なくなった。ただそうは言ってもあくまで比較の問題で、天下の山手線のホームが閑散としているわけもない。そう言えば、よく考えると上野駅において山手線のホームは1～4番のりば、つまり最も若い番号を占拠している（正確には1・4番のりばは京浜東北線だが、この区間は事実上の山手線の複々線ということで許してもらおう）。上野駅における山手線のちょっとした〝意地〟と言いたくなる。

山手線のホームからのルートはおおよそ2つある。ひとつは、天井の低いコンコースから階段を降りて、頭端式ホームを横目に中央改札を出るルート。この改札の先の駅舎は昭和7年（1932年）に完成したもので、まさにザ・ターミナルと呼ぶにふさわしい威容を誇る。

そうした駅舎に直結している頭端式ホームこそが幾多の名列車が発着した上野駅の本質を体現しているが、上野東京ラインによって頭端式ホームの役割はだいぶ小さくなった。かつてあった18～20番のりばは新幹線の乗り入れによって失われ、規模も縮小。最後の上野発の定期夜行列車『北斗星』が定期運行を終えたのは上野東京ライン開通と入れ替わりの平成27年春のことであった。往年の、望郷の上野駅の矜持をわずかに残しているといえるのは、頭端式ホームの一角にある専用のりばから出発する「TRAIN SUITE 四季島」くらいだろう。が、これとて望郷心とはかけ離れた豪華クルーズトレインなのだから、往年の夜行列車とはまったく別物である。

もうひとつの山手線からのルートは、高架ホームの鶯谷よりにある階段を上る。すると線路の上を覆い隠すように広がる連

山手線ホームにいちばん近い公園口改札

絡橋に出て、ここから上野駅の東西に出ることができる。山手線ホームに近い公園改札を出れば、その名の通り上野公園の目の前へ。駅ナカのエキュート上野などの横をすり抜けて入谷改札を出れば件の昭和の駅舎とペデストリアンデッキでつながる東側。上野といったら今やパンダであって、そのパンダ像はこちらの改札の外にある。パンタ像に会いたければ入谷改札、ホンモノのジャイアントパンダに会いたければ公園口、というわけだ。

最後に駆け足で今の上野駅を山手線を中心にまとめてみた。ちなみにパンダ（の像）に会える連絡橋は昭和46年（1971年）に完成した。「日本一の大連絡橋」の触れ込みだったという。上野駅は何かと「日本一」「日本初」に縁があるようで、荷物運搬の赤帽がはじめて登場したのは上野駅だし、日本一の売上を誇る駅売店（キオスク）があったのも上野駅。ただ、とうの昔に赤帽は姿を消したし、売店は平成3年（1991年）に東北新幹線が東京駅まで伸びたことで日本一の座を東京駅に受け渡した。

近年こそ利用者数は横ばいかやや増加傾向にある。ただ、ピークは昭和63年度（1988年度）の22万4962人。平成30年度（2018年度）は18万8170人と、4万人近く減っている。乗り換え客はこの数字に含まれないから、平成27年に上野東京ラインが通ったことで構内で乗り換えていたお客の数もだいぶ減ったことだろう。

集団就職列車の思い出を上野駅に抱く人ももうだいぶ高齢になった。望郷の駅としての上野駅の本質は、すでに過去のものになっている。そういう哀愁を感じるところも、やはり上野駅らしいというべきか。そして山手線は、そんな事情などに関わることなく毎日満員のお客を乗せて、走り続けている。

上野駅前のペデストリアンデッキ。首都高の向こうに東京メトロの本社がある

うえの

【所在地】 東京都台東区上野
【構造】 高架駅
【開業】 明治16年（1883年）7月28日
【接続路線】 宇都宮線・高崎線・常磐線・上野東京ライン・京浜東北線・東京メトロ銀座線・東京メトロ日比谷線
【山手線ホーム】 2番のりば（内回り）、3番のりば（外回り）
【1日平均乗車人員】 188,170人（山手線中9位）

JY 04

御徒町

新大久保駅と似たような性質を持つ？

最初から怒られそうなことを書く。

ずいぶん前、もういつだったか忘れそうなくらい前にはじめて御徒町駅を訪れたとき、「汚え駅だなあ」と思った。古い高架のホームは狭く、人で溢れている。これまた狭い階段を人に紛れながら降りていくと中二階。まだ改札には着かないのかと呆れながらさらに階段を降りて、床も薄汚れたコンコースから改札へ。で、外に出たからといってキレイになっているかというとそうでもなくて、柱が何本も建っている薄汚れた通路と小さなミルクスタンド。

駅前もこれまたなんともゴミゴミごちゃごちゃした町があって、アメ横なんてその最たるものである。庶民的といえば聞こえはいいが、お世辞にも洗練されているとは言い難い商店街。人もまたゴミゴミと溢れていてまっすぐ歩くのもままならない。

御徒町駅の第一印象は、そういう駅でそういう町だった。

いきなり悪口になってしまったが、そんな思い込みそのままに再び御徒町駅を訪れた。すると、なんだか高架下もキレイにお化粧されていたのだ。狭いホームはさして変わらない（というか変えようもない）が、改札のある高架下はまったくキレイになっている。駅前には現代的な装いの商業ビルが建っていて、その中にはユニクロが入っているようだ。外国人観光客の姿も目立つ。いやあ、すっかり見違えているものですね……。

というのは半ば正しくて半ば間違っている。目に見えたものは紛れもなく今の御徒町。確かにキレイになった。が、それは

キレイにお化粧されて蘇った御徒町駅の北口

南口もご覧の通りキレイになった

あくまでも〝外側〟であって、結局本質は変わっていないように思える。駅前の春日通りを渡れば件の高架の西側には件のアメ横があるし、東側の御徒町駅前通りも飲食店や雑貨店などが所狭しと軒を連ねる。高架下の商店街という言葉がこの駅ほど似合うところはないだろう。こういう町はゴミゴミごちゃごちゃしているところが個性にして良さであって、最初は少し悪く書いたが居心地はいい。サッとつまんで呑んで30分も立たずに後にできるような呑み屋もあり、外国人観光客が多いのもまたエスニックでおもしろい。

そういえば、山手線のちょうど反対側、新大久保駅もある種似たような性質を持っている。あちらのほうが圧倒的にエスニック、コリアンであってこちらはどちらかというと日本の庶民の町という印象が強いので違いはあるが、おおまかな傾向としてはそっくりである。

駅の狭さにしたってそうだ。新大久保は徹頭徹尾山手線だけの駅なのでホームは1面2線、御徒町は京浜東北線と並行しているから2面4線、さらに南側にもうひとつの出入り口があるようにやや規模が大きい。が、ホームはいずれ劣らずの狭さだし、高架下のコンコースのごちゃついたところもよく似ている。山手線の線路の横に、「こんな小さな駅なんて知らねえよ」とばかりにすっ飛ばしていく列車のための線路があるのもまったく同じだ。

大ターミナルといえるような巨大な駅がいくつかある。新宿、渋谷、池袋、品川、東京、そして上野。これらに隣接する駅は、単に独立したひとつの駅というよりはむしろこうしたターミナルの衛星駅のような存在になる。町の空気感としては間違いなくターミナルの性格を引きずっているのだが、それでいて少し違う庶民的な空気もまとう。

先に例示した新大久保駅もそうした駅のひとつで、大ターミナル・新宿のうち猥雑な部分（つまり歌舞伎町だ）を引きずって、さらにコリアンタウンという個性を付け加えたような印象を抱く。反対側のお隣、代々木駅は新宿のオフィス街としてのそれが反映されている。

御徒町駅もいわばこれと同じようなものであって、新宿駅にとっての新大久保・代々木と同様に上野駅の衛星駅としての存在が御徒町駅なのであろう。現実的に上野駅からは６００ｍしか離れていない。

山手線の環状運転開始とともに産声を上げた、古くて新しい駅

東側の地上に立派な頭端式ホームを持って、いかにもターミナル然とした上野駅。その中で山手線のホームはいちばん西側の上野公園のそばにある。上野公園は武蔵野台地の東のはずれの上野台地の上にある。対して上野駅はその高台を降りたすぐ下の崖の際。このあたりは西日暮里駅や日暮里駅と同じだ。上野駅は最初に地上の頭端式ホームができてそこから拡大していった。そうなると最終的には上野台地の崖にぶつかってしまうので、山手線のホームのあたりは崖を削り取って高架のホームを設けた。

上野駅から南の高架区間が完成したのは大正14年（1925年）11月1日。御徒町駅の開業もそれと同じ日で、さらに同時に山手線の環状運転も開始された。御徒町駅はまさに山手線が山手線として最終形態になった日に開業した、記念すべき駅なのである。

この高架が完成するまではどうだったのか。実は、お隣の秋葉原駅の開業は明治23年（1890年）11月1日で、高架線開通より35年も古い。いやいや、線路がないのにどうして駅なんて。

詳しくは秋葉原駅の項に譲ったほうがいいのだろうが、このときの秋葉原駅はまだ貨物専用の駅であった。上野駅が北の玄関口として混雑しはじめたために、貨物の取り扱いだけを神田川の水運と接続する秋葉原に移転させたのだ。そしてこの時点では秋葉原までの線路は高架ではなく、地上を走っていた。通っている区間は今の高架線とほとんど同じなのだが、高架と地上では大違い。高架化はむしろ秋葉原より先の神田での中央線との接続と東京駅乗り入れを意識して行われたものである。で、高架線が開通したところで御徒町駅も晴れて開業となったのである。

山手線において、この区間は最も遅れて開業した。すなわち、御徒町駅の開業も最も遅い部類に入る。御徒町駅より遅れて開業した山手線の駅は西日暮里駅だけである（高輪ゲートウェイ駅が開業すると御徒町駅が3番めに新しい駅になる）。

新しいといっても大正時代の駅なので西日暮里やそれこそ高輪ゲートウェイと比べれば遥かに古い。古くて新しい、それが御徒町駅の本質といっていい。その本質は御徒町駅の各所に現れている。特に山手線内回りがやってくる3・4番のりばのホームは開業当時の上屋がそのまま残り、上屋を支えるアーチ状の支柱も往時の面影のままである。ただし、開業時の山手線

北口を出て春日通りを渡ればアメ横だ

は6両編成に過ぎず、ある程度の余裕を持ってホームをつくっていたようだがそれでも今の11両編成には足りない。そこでホームは幾度か延伸されており、その境目もホームの上を歩いてよく観察すれば見つけることができる。

このように古くて新しく、開業時の駅がそのまま残る御徒町。駅舎というには大げさなほどに高架下の小さい駅舎も基本的には変わらない。まあ、最初に書いたように今はキレイにお化粧を施されてしまっているのでその雰囲気を感じることはできないが、以前筆者が感じた〝汚らしい〟という印象は古くて新しいという御徒町駅の本質をそのまま現していたというわけである。

そして御徒町はアメ横の駅である。アメ横は戦後のヤミ市を起源とする商店街。もとより御徒町駅周辺は開業の頃から商店や住居が密集する下町であったが、戦争で周囲一帯が焼け野原。よくぞ御徒町駅は焼けずに残ったものだと思うが、焼け野原の御徒町（というより正確には上野であろう）のガード下やガード脇で商売をはじめた人たちの集まりが、アメ横になった。なんでも、新宿や新橋のヤミ市はプロ（つまりはヤクザである）がその営業の中心を担ったが、アメ横の場合は素人の集まりがそのまま大きくなったのだとか。

また、御徒町はもうひとつ商売人の町としての特徴を持つ。アメ横とは反対の東側に出ると、妙に時計店やジュエリーショップが多いことに気がつく。戦後直後まではもう少し離れた場所にあった貴金属店街が、焼け野原になって空き地が多かったこの地に移転してきたのがはじまりだとか。昭和62年（1987年）には「ジュエリータウンおかちまち」などという同業者組合も発足している。

変わりゆくところもあれば、変わらないところもあり、そういう町の雰囲気に見事に溶け込む古くて新しい御徒町駅。古くから賑わっていたこの町において、高架の御徒町駅は後発の存在だ。それがすっかり溶け込んでいるあたり、実に下町の駅なのである。

おかちまち

【所在地】 東京都台東区上野
【構造】 高架駅
【開業】 大正14年（1925年）11月1日
【接続路線】 京浜東北線・東京メトロ銀座線（上野広小路駅）・東京メトロ日比谷線（仲御徒町駅）・都営大江戸線（上野御徒町駅）
【山手線ホーム】 2番のりば（外回り）、3番のりば（内回り）
【1日平均乗車人員】 70,537人（山手線中22位）

電気街口の北側駅舎。かつては青果市場があった

AKB
JY
03

秋葉原

上野駅の貨物取扱をそのまま移転、神田川の水運と結ぶ

山手線随一の〝強烈な個性〟を持つ

秋葉原駅ほど強烈な個性を持った山手線の駅は他にない。新宿・渋谷・池袋といった大ターミナルをはじめ、新大久保のような独特な色を持つ駅など多々あれど、山手線随一の個性派駅といえば、やはり秋葉原駅をいちばんに挙げねばならないだろう。

秋葉原駅の個性といえば、なんといっても駅周辺の様相。電気街として、そして〝オタクの町〟としてその名は世界に轟く。むしろ世界的都市といっていい。最近ではすっかり外国人観光客ばかりが歩いている。

いったいいつから秋葉原はそういう個性の町になったのだろうか。秋葉原駅を歩く前に、その点を明らかにしておきたい。と言っても、それは秋葉原駅の存在とまったく無関係というわけではないから、秋葉原駅の歴史とともに振り返る。

秋葉原駅の開業は明治23年（1890年）11月1日。ただこの時点の秋葉原駅は貨物専用の駅に過ぎなかった。今では貨物駅と旅客駅は分離されているのが当たり前になっているが、本来は旅客も貨物も同じ駅で扱っていた。他に荷物もあった（今でいう宅急便のようなものである）が、それも含めて同じ駅で

貨物駅として開業したばかりの秋葉原駅（『百年史』より）

取り扱うのが普通だった。とうぜん、開業当時は上野駅も新宿駅も渋谷駅も貨物取り扱い駅であった。

しかしお客が増えて構内が手狭になってくると貨物取り扱いの機能を分離しようという話になる。そこで上野駅の貨物の機能だけを持ってきたのが秋葉原駅である。明治23年という開業時期は国内の貨物専用駅としてはいちばん古い。いわば、東京貨物ターミナル駅や梅田貨物駅などの元祖という存在なのである。

この当時の秋葉原駅は地上にあった。本来は高架で通そうという計画があったようだが、ときの日本鉄道が素直にその計画を受け入れず、沿線住民の猛反対を突っぱねて地上で秋葉原まで延伸した。なぜ秋葉原の地に貨物駅を設けたかというと、神田川がそのすぐ先を流れていたからだ。当時、まだ鉄道網が完成しておらず、トラックによる貨物輸送などまだまだ先のお話。となると水運に頼ることになり、神田川に面する秋葉原は都合のいい場所だったのである。

今のヨドバシカメラあたりには船溜りがあって、神田川からそこに水路が引き込まれて鉄道で運んだ貨物を積み替えた。その名残は今も残っていて、昭和通り改札を出た先の総武線の高架は一部だけ構造が他と異なっている。かつて水路が通っていた場所の跡、というわけだ。

写真手前から神田川の水路が流れ、ヨドバシ方面に通じていた

貨物専用駅として出発した秋葉原駅が旅客駅になったのは大正14年（1925年）11月1日。このときに上野から秋葉原までが高架になって、さらに神田まで延伸して山手線がぐるりと一周つながった。環状運転のはじまりである。

ちょうどこの頃、日本の情報通信の歴史において画期たる出来事があった。大正14年3月22日、日本初のラジオ放送がはじまったのである。2年後にはアマチュア無線も許可されて、このときから本格的に日本の電波利用がスタートしたのだ。

そして秋葉原駅にも変化が訪れる。昭和5年（1930年）に東京地下鉄道、すなわち現在の東京メトロ銀座線が高架線の西側（中央通りの地下）に通り、末広町駅が開業する。次いで昭和7年（1932年）には総武線の御茶ノ水～両国間が開通。秋葉原駅ではすでに開業していた山手線の高架の更に上を乗り越えるというダイナミックな立体交差を成した。これによって秋葉原駅の交通の便は飛躍的に向上したのだ。

そうした時流に乗って、秋葉原のちに開業したのが山際電気商会と富久商会。関東大震災で焼け野原になった秋葉原にバラックを建てて電子部品の卸売を始めた、いわば電気街・秋葉原の祖であった。その後、戦前から秋葉原近隣には複数の電子部品を取り扱う事業者が生まれる。その中にはラオックスの前身である谷口商店などもあった。

時代は一気に戦後に下る。戦災に見舞われて焼け野原になった秋葉原には、既存の会社を追いかけるように電子部品事業者が次々に生まれた。サトームセンや九十九電機など今も知られる会社も多い。そうして気がつけば秋葉原は電気街として定着したのである。

ただし、戦後になってもターミナルとしての秋葉原はまだ「貨物駅」としての性質が強かった。ヨドバシカメラのあたりは貨物駅の一部だったし、秋葉原UDXなどがある西側一帯には神田青果市場があった。交通の便に優れる要衝の地は、電子部品だけでなくあらゆる物資があつまる拠点であった。

総武線の高架が横切る中央通りは秋葉原の中心

〝貨物の町〟としての秋葉原の様子は、貨物輸送のコンテナ化によって変わる。狭い敷地でかつ高架という貨物駅にしては過酷な条件にあった秋葉原では、広大な敷地を要するコンテナ輸送には対応しきれなかった。東京の貨物ターミナルとしての拠点は汐留駅などに奪われて、昭和50年（1975年）に貨物営業を廃止。東側の貨物駅跡地一帯は再開発から取り残されてしまうが、それでも貨物輸送の拠点という開業以来の役割はここで失われたのだ。青果市場も平成2年（1990年）に移転している。

結局、残ったのは電気街としての秋葉原。だいたい、電子部品などを仕事以外で買い求めるお客はディープな人に決まっている。パソコンやインターネットとオタク文化は実に相性がいい。そうなれば、ラジオからはじまった電子部品の売り買いが技術の進化とともに移り変わってオタク文化の町になる、などという流れはさして特別なことではないといっていい。いずれにしても、このようにして今の秋葉原駅の個性は形作られたのである。

開業当時は東京の新名所としてもてはやされた複雑な立体交差

ここで改めて秋葉原駅そのものに目を向けてみよう。

秋葉原駅は地上3階、地下には地下鉄まで通っている超絶な立体交差。最も高いところを東西に総武線各駅停車が通っている。その下の2階に山手線が南北に。立体交差といっても、それは文字通りのものであって総武線と山手線の線路はまったくつながっていない。純粋な立体交差、とでも言えばいいだろうか。

そういうわけで、山手線のホームのだいたい中央部の真上に総武線が通っている。おかげで天井が低く、さらに総武線に乗り換えるための上り階段とコンコースに出るための下り階段が接近していてどちらに行けばどこに出るのかがたいそうわかりにくい。いや、もちろん下に行けば地上に出るのだから改札口で、上に行けば3階だから総武線というのは改めて説明されればわかる。わかるけれど、これってはじめて秋葉原駅に来た人にもわかりやすいですかね、いったい。

筆者もそうそう頻繁に秋葉原駅を利用するわけではないし、使うときはだいたい総武線派だ。だから山手線ホームには不慣れである。総武線と山手線の上下関係はわかっているが、上り下りが裏表のように並んでいて、歩いているうちに自分がど

右から左に横切っているのが山手線の高架だ

こにいるかわからなくなることがある。

秋葉原駅で毎日のように山手線と総武線を乗り換えている人たちに聞くと、「何が迷うのかわからない、上下がはっきり分かれているんだからむしろわかりやすいだろう」などとのたまう。なんだか秋葉原駅のベテランを気取られているようで癪に障るのだが、実際のところ慣れれば迷うことはないのだろう。ただ、これは別に秋葉原に限らず渋谷や新宿だって同じである。

渋谷や新宿は、たしかにややこしい。迷宮である。ダンジョンである。それと比べれば秋葉原駅など大したことがないように思える。ところが、実はダンジョン駅の元祖というべきなのが、この秋葉原駅である。

たとえば昭和の中頃から終わりにかけて、新聞などではたびたび秋葉原駅が「複雑さは日本一」などとして取り上げられている。駅員が構内を巡回すれば決まって道を尋ねられて苦労したとか、そういう話が載っている。筆者が秋葉原駅で迷うことは、おかしくもなんともないのだ。わかってくれますか、秋葉原ベテラン陣のみなさん……。

で、当時の国鉄さんは苦肉の策として階段や通路をペンキで塗りたくって、乗り換え先ごとに色分けをした。最初に始めたのは昭和37年（1962年）、地下鉄日比谷線が秋葉原駅に乗り入れたときのことだという。ただ、これも思うようにはいかず、結局今に至るまで秋葉原駅はややこしい駅のままである。

ところが、である。このややこしさたっぷりの秋葉原駅、立体交差が完成したときには東京の新名所として讃えられたらしい。遊覧バスのルートにも含まれて、「空には飛行機、3階と2階に省電、地上には市電、地下には地下鉄の五層構造」などと紹介されたという。空の飛行機まで含めてしまうあたりはいささか強引なきらいもあるが、これだけ交通機関が重なり合っている駅など当時にはなかったのだから、名所になるのも当然だろう。

さらに名物となっていたのは、鉄道駅ではじめて設けられたというエスカレーター。東口（今の昭和通り改札）から総武線ホームに通じる上下2本のエスカレーターは、エスカレーターガールまでお出ましの秋葉原駅の見どころだった。しかし、戦時中の空襲の影響でストップしてしまい、戦後は昭和40年（１９６５年）にリニューアルされるまでロクに動かなかった。おかげで、日比谷線からの乗り換え客は実に１４８段もの階段をえっちらおっちら登らねばならなかったという。

また、日本初の旅客専用の50人乗りエレベーターが登場したのも秋葉原駅。こちらは西口と総武線ホームを結んでいた。エレベーターもエスカレーターも、昭和7年の立体交差完成と同時に設置されたようだ。バリアフリーの概念など欠片もなかった時代にこういう設備が導入されたあたり、総武線のホームがいかに高いところを走っていたか。人呼んで、「空中省電」であった。

開業前から秋葉原駅の立体構造は注目の的で、総武線の御茶ノ水〜両国間開業に際しての一番乗りはなんと14歳の女子学生だったという。なんでも、前日の夜10時から御茶ノ水駅に並んで頑張ったのだとか。

ｉＰｈｏｎｅの新型が発売されるたびにアップルストアには行列ができて、中には1ヶ月近く並ぶ人もいる。行列の先頭に並んで一番乗りになろうが、並ばずにあとから買い求めようが手に入るものが変わるわけでもない。バカバカしい限りである。一度だけアップルストアの行列の取材をしたことがあるが、「並んでいるといろんな人との出会いがあるんです。それが楽しくて、いつも並んでしまいます」などとワケのわからないことを言っていた。ただ、約90年前の立体交差秋葉原の開業にも14歳の女の子が一晩並んでしまうのだから、バカバカしいとか意味があるとかそういうことではなくて、行列をつくるのは人間の本性みたいなものなのだろう。

最初は神田川の水運と結ぶために生まれた地上の貨物専用駅。上野駅の役割を一部だけ借りて開業しただけの駅だった。それが高架線が通って山手線の環状運転の一部に含まれ、総武線の登場で立体交差のターミナルが完成した。立体、という点では地下鉄の存在も忘れてはならないだろう。秋葉原駅は、いかにも交通の要衝としての威容を誇る壮大な立体交差にこそ本質があるのだ。

あきはばら

【所在地】 東京都千代田区外神田
【構造】 高架駅
【開業】 明治 23 年（1890 年）11 月 1 日
【接続路線】 総武線各駅停車・京浜東北線・東京メトロ日比谷線・つくばエクスプレス
【山手線ホーム】 2 番のりば（内回り）、3 番のりば（外回り）
【1 日平均乗車人員】 252,267 人（山手線中 7 位）

JY 02

神田

東京の中心だったゆえに山手線最後の開通区間となった?

神田駅北口。駅舎はすべて高架下

上野東京ラインが新幹線の上を駆け抜ける

上野駅から続く高架に乗って山手線は秋葉原を過ぎると神田川を渡る。

神田川は中央線吉祥寺駅に近い井の頭公園の井の頭池が源流である。最初は京王井の頭線に並行するように南東に流れ、明大前駅の手前で北東に進路を変えて東京メトロ丸ノ内線の方南町支線に並行、中野区内では北に流れて東中野駅のすぐ東で中央線と交差、ついで高田馬場駅のすぐ北で山手線と交わっている。秋葉原～神田間と高田馬場～目白間の二度、山手線は神田川を渡っているというわけだ。

まあ、何も改めて言うようなことではなくて、神田川が西から東に流れているから環状運転の山手線が二度渡るのは当たり前。秋葉原駅のすぐ南で山手線を頭上にやり過ごした神田川は、まもなく隅田川に注いで役割を終える。

対して、山手線はそのまま市街地を高架で南進して神田川の〝神田〟を名に持つ神田駅に着く。その直前、車窓の右手からは中央線がぐいっとカーブしながら合流。神田駅は山手・京浜東北線に加えて中央線も乗り入れる駅である。ひとつ先は天下の東京駅。中央線は東京駅が起点のターミナルであって、その手前の神田駅から山手線と並走する按配になっているのだ。

このように3路線が乗り入れている神田駅だが、構造はいたってシンプルだ。2面4線の山手・京浜東北線のホームに加えて西側に中央線の島式ホームが1面の合計3面6線。3面の島式ホームがあるといっても揃ってキレイに並んでいるわけではなく、少しずつズレているのが特徴といえば特徴だろうか。中央線のホームを中心に据えれば、山手線の内回りが少し南にズレていて、外回りはそれより大きく北にズレている。

結果、南側にある改札口を利用する場合、山手線外回り電車から降りた場合はエスカレーターか階段の下から通路をしばらく歩いてコンコースに出ねばならぬ。だから階段を降りて登ってというシンプルな乗り換えであるとはいえ、ここで乗り換えるにはいくらか時間がかかると思ったほうが賢明だろう。北側のコンコースならば階段の位置が揃っているので、乗り換えはこちらがオススメである。

このように改札口は南北二ヶ所。コンコースも改札口もともに広々としていて、高架下を有効に活用している。南北のどちらが中心かと問われると悩ましいが、みどりの窓口があるのは南側。きっぷを買いたいと思うなら南側を使うがよかろう。北側は東京メトロ銀座線への連絡通路。高架下のJRコンコースから直接階段を降りて地下通路を歩いていけばすぐに乗り換えられるので、地下鉄とJRの乗り換えとしては利便性が高い方である。

と、まあこのくらいで特にややこしい要素もなくシンプルな神田駅。その要因はひとえに駅の施設がすべて高架下に収まっているからであるといっていい。神田駅付近の高架は、単に山手・京浜東北線だけが走っているわけではない。すぐ東側に東北新幹線の高架が通っているのだ。さらに驚くべきことに、この新幹線のさらに上層にも線路が通っている。上野東京ラインである。新幹線の上に新たな高架橋を通すという工事はなかなかの難事業だったようだが、むしろ工事以上に大変だったのは沿線の反対だったという。

神田駅近くを歩いていると、古い民家や商店の外壁には今でも古びた「建設反対」のビラが貼ってあるのを見かけることがある。彼らの言い分によれば、ただでさえ新幹線が通って騒音に悩まされているのに、上野東京ラインなどが開業したらもっとうるさい目に

南側もガード下に駅の出入口。無骨な鉄骨が目を引く

あうから困る、というわけだ。気持ちはわからなくはない。

この地域は山手線や中央線がやってくるより遥か前から江戸の町の中心的な市街地であった。賑わいのある商工業地域であった。そこに近代化と称して突如巨大な高架が現れて、電車なるものが走り始めたのだ。「そんなものいらねえ、俺たちになんの得があるってんだい！」と言われても、たしかに彼らにとってはそのとおり、なのである。

万世橋駅から「神田の中心」を奪い取って繁栄を得る

神田駅は「神田」という地名を堂々と名乗っている。では神田とはどの町を指すのだろうか。この一帯には神田を名乗る地がやたらとたくさんある。神田佐久間町、神田神保町、神田須田町、神田駿河台……もはや神田バブル、神田まみれである。

これはどういうことかというと、かつてこの一帯にあった神田区が昭和22年（1947年）に麹町区と合併して千代田区が誕生する際に、「神田区の名が消えるのは惜しい」と神田区内の町名に「神田」を冠した結果である。もともと神田という地名は現在の駿河台から中央通り沿いにかけてを指していたようで、神田川の北側は外神田、南側は内神田と呼ばれた。内神田は江戸城にも近く、大名屋敷が軒を連ねていたほか、同業集団の職業町もあった。神田鍛冶町という町名はそうした歴史に由来するものである。

で、神田駅はそのうち内神田エリアに属しており、神田エリアの中心ということで神田駅と名付けられたのだろう。開業は大正8年（1919年）3月1日のことであった。

このときに神田駅に乗り入れていたのは中央線のみ。長く中央線の都心のターミナルだった万世橋駅から延伸して東京駅に乗り入れるにあたって、途中に神田駅を設けたのである。

まったく正反対の西にある代々木駅を思い出してもらいたい。代々木駅も神田駅と同じように山手線と中央線の接続駅。あちらも中央線の駅が先行して開業し、遅れて山手線も停まるようになった。その点は神田駅も同じなのだ。違うところといえば、代々木駅の場合は山手線側にも線路はあった。単に通過していただけだった。神田駅はそうではなくて山手線側には線路すらなかったのである。

この頃の神田駅周辺を巡る状況はなかなか複雑で、東京駅から神田、万世橋、御茶ノ水と続く中央線の各駅があり、東には隅田川を渡った先の両国駅が千葉方面へのターミナル。北には貨物駅としての秋葉原駅が神田川の北岸にあるだけで、旅客駅としては上野駅まで行かねばならなかった。

つまり、神田周辺はいわゆる〝鉄道空白地〟。そうした場所は、たいてい鉄道の開通が強く望まれるところなのだろうが、江戸時代からの住宅密集地だったために新たに鉄道を敷設する余地を得ることが叶わなかったというのが本当のところだろう。いくら中央集権、国の力が強い時代とはいっても、すでにそこに暮らしているたくさんの人たちの住まいを根こそぎ取っ払って線路を敷くなど、おいそれとできることではなかったのである。

そもそも中央線とて大正8年にいたってようやく東京駅に乗り入れを果たしたくらいである（東京駅そのものが開業したのに合わせた乗り入れである）。それまでは万世橋駅という今はなき駅がターミナルだった。

万世橋駅は神田川の南岸、ちょうど中央通りが万世橋を渡ったあたりにあった。明治45年（1912年）に開業、市電も複数やってくる東京屈指のターミナルとして大いに賑わっていたようだ。万世橋駅のお客は東京市内に限定しても上野・新橋・新宿に次ぐ第4位。駅前の須田町交差点は東京を代表する繁華街となり、日露戦争で戦死した軍神・広瀬武夫の銅像（日露戦争でともに戦死した杉野孫七も一緒）があったのも万世橋駅前だ。

ちなみに、広瀬武夫像が建てられたのは万世橋駅開業前の明治43年（1910）年。撤去されたのは昭和22年（1947年）である（金属供出のためにハチ公像まで消えた戦時中も軍神の像は残された）。万世橋駅は明治45年開業、昭和18年（1918年）に営業を休止した。つまり、万世橋駅よりも長く神田須田町に軍神の像があったのだ。それはすなわち、この地が万世橋駅開業前から東京の中心的な町だったことを意味している。

今では想像も及ばないが、神田には百貨店もあった。万世橋駅から神田川を渡った北側には伊勢丹呉服店が店を構えていたのだ。伊勢丹呉服店は関東大震災で焼失、再建の地に新宿を選んで今に続いているので神田からは早々に姿を消してしまうが、はじまりは神田

既存の町並みを無視して開通したため、高架下の通路とは斜めに交わる

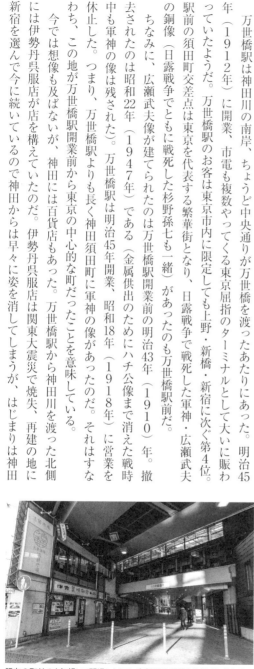

ガード下には“働く人の町”らしい飲食店が

であった。

　さらに神田須田町からは少し離れているが、現在の神田駅の近くには松屋呉服店もあった。これは銀座でおなじみの松屋のルーツ。明治40年（1907年）には3階建ての洋風建築に増築、東京初のデパートメントストアとして知られたという。

　このように、神田は古くから東京の中心であった。そういう地に鉄道を通すのは実に苦労があったのだろう。いかにして神田に鉄道を通すのか。この難題を「高架」によってクリアしたことが環状運転実現、すなわち山手線を実現したのである。

　なお、神田駅の開業は今の神田駅とその周辺の賑わいを思えば悪くないできごとだが、万世橋駅や神田須田町、従前からの神田の繁華街にとっては不幸なできごとであった。中央線が東京駅までつながったことで、中野～東京～品川～新宿～池袋～上野の「〝の〟の字運転」がはじまると、万世橋駅のターミナルとしての役割は終わりを告げる。さらに関東大震災と上野～神田間の高架線の開通がダメ押しになり、万世橋駅はとたんに都心の〝過疎駅〟の仲間入りをしてしまった。

　一方、神田駅開業によってその周辺は〝神田の中心〟としての賑わいを得る。地下鉄との乗換駅になったことも功を奏しただろうし、古くから駅周辺には会社や商店、問屋が集まっていたからそこへの通勤客も神田駅を使うようになった。通勤客で賑わえば駅のまわりに飲食を中心とした商店街ができるのも当然のなりゆき。そうして、今の神田駅とほとんど変わらない光景が完成したのである。

　神田駅の姿は最初から一定している。古くからの高架の駅で、朝は駅から次々と通勤客が吐き出される。そして夕方になると反対に次々と駅へとお客が押し寄せる。駅周辺の飲食店で飲み食いするのは会社帰りの人たちがほとんどだ。平日になると神田駅も人影はまばら。まさに江戸時代からの商業の町は、令和の今も商業の町、働く人の町なのだ。

かんだ

【所在地】 東京都千代田区鍛治町
【構造】 高架駅
【開業】 大正８年（1919年）３月１日
【接続路線】 京浜東北線・中央線・東京メトロ銀座線
【山手線ホーム】 ２番のりば（外回り）、３番のりば（内回り）
【1日平均乗車人員】 106,091人（山手線中18位）

第5章

東京〜高輪ゲートウェイ

大東京の中央停車場から最古の高架を駆け抜けて

丸の内駅舎は重要文化財にも指定されている

TYO
JY
01

東京

ここからの旅はすべてが下り、我が国の鉄道網の〝頂き〟

巨大ターミナルであるほど、その中での山手線の存在感は希薄に

山手線の本分は、各駅での他路線との接続にあるといっていい。ただ単に山手線だけではグルグルと同じところ回っているだけだから、それぞれの駅で郊外なり都心の真ん中なりに向かう路線と接続してこそ、本来の力を発揮する。

そうした山手線の役割において、東京駅は異端である。

新宿、渋谷、池袋、上野、品川。そしてこの東京駅を加えた6駅を山手線6大ターミナルと呼ぶとすれば、その中で東京駅は明らかに異質である。

他の5ターミナルはそれぞれ私鉄路線や郊外路線を持ち、郊外から東京都心への通勤などで利用するお客で溢れる駅になっている。新宿駅などその最たるもので、ＪＲは自ら中央線をもって多摩地区や遠く山梨、長野への玄関口となっているし、私鉄においても小田急線や京王線が乗り入れる。そうして世界一のお客の数を誇る大ターミナルが出来上がった。山手線が日本鉄道品川線として開通した当初の新宿駅は数えるほどしかお客がいなかったところ、これだけの成長を果たしたというのはひとえに郊外との連絡拠点になったからである。

こうした特徴は渋谷も池袋も上野も共通している。品川駅は新橋～横浜間の官設鉄道と日本鉄道品川線が接続する最初期からのターミナルだった。

ところが、東京駅はそうではない。山手線6大ターミナルの中では最も遅い大正3年（1914年）12月20日に開業。計画時点から「中央停車場」としての建設であって、東京の、ひいては日本の玄関口という役割を与えられていたのだ。

他のターミナルは開業から順を追って時代とともに成長して今の形になった。けれど東京駅は、開業時点から「日本を代表するターミナル」であった。

巨大ターミナルであればあるほど、その中において山手線の存在感は希薄になる。それは特に残念であるとかそういうものではなくて、山手線が強い存在感を放っているうちはその駅はたいしたターミナルではない。むしろ、存在感がほとんど消え失せる寸前になってようやく、大ターミナルになり得たともいえる。それでこそ山手線は山手線なのだ。

東京駅はその点においても最も山手線の存在感が見えない駅のひとつだ。

新宿駅には「山手線の駅」という印象があっても、東京駅を取り上げて「山手線の駅ですね」とは言い難いところがある。何より新幹線があるし、東海道線や中央線、東北本線（まあ現実的には宇都宮線、高崎線なんですけどね）の起点という華々しい役割も持っている。つまりは我が国におけるすべての鉄道網の起点なのである。

そういえば、東京駅に関する小ネタのようなエピソードとして、「すべての列車が下り列車」というものがある。時にナゾナゾにも使われることがあるようだが、確かに東京駅を出発する列車は形式上すべて下り列車になる。新幹線や中央線はもちろん、山手線や京浜東北線も形式的には東海道線や東北本線への乗り入れなので下り列車と言える。

実際には山手線や京浜東北線に上り下りの概念はないに等しく、内回り／外回り・南行／北行と言っている。列車番号を持ち出せば通常下り列車に与えられる〝末尾奇数番号〟は山手線では外回り、京浜東北線では南行。つまり山手線や京浜東北線は東京駅の存在など無視したかのように上り下りを入れ替えずに走っていることになる。

開業当時の丸の内駅舎。最初は八重洲口はなかった（『百年史』より）

まあこのあたりはヘリクツの類にすぎず、やはり東京駅はすべての列車が〝下ってゆく駅〟ということにしておきたい。山は頂きに達すれば下り道しかない。それと同じで、東京駅にたどり着けばあとは下るだけ。東京駅は鉄道においてまさしく〝頂き〟の駅なのである。

しかし、そんな頂きにやってきても他の駅と何が違うのかとばかりに平然と駆け抜けて、また1時間後に戻ってくるという山手線は、やはりフツーの路線とはひと味もふた味も違うような気がするのである。

八重洲方面に拡張を続けた東京駅のホーム

実際に東京駅を歩いてみよう。本書の主役は山手線なので、あくまでも山手線を中心に。

東京駅における山手線のホームは、4・5番のりば。ご存知のレンガ造りの丸の内駅舎が建つ西側から順に数えて2番め・3番めのホームを使う。駅舎に接して山手線より上層にある島式ホームは中央線だ。

大正3年に東京駅が開業したときにはまだ中央線が乗り入れていなかったので、山手線ホームが最も西側を使っていた。のりばの番号でいうとややこしくなるので、ここからはホームの番号で表すことにする。開業時は第1ホームと第2ホームが山手線ということだ。第3・第4ホームは東海道線と横須賀線である。大正8年（1919年）に中央線が乗り入れてくると、丸の内駅舎と山手線の間に割り込んでくる形になって第1ホームが奪われた。結果、当初はホーム2面を占めていた山手線は割りを食って1面だけに減らされてしまう。ただ、同時に「中央線から山手線に乗り入れる「〝の〟の字運転」がはじまったので、割りを食ったというよりは山手線自身の地位向上に貢献したというべきだろうか。

大正14年（1925年）には山手線の環状運転がスタートするが、それにあたって東京駅に何らかの変化があったかというと、特に何もなく単に山手線が中央線に乗り入れることがなくなったことくらいである。

そしてそれから今に至るまで、東京駅における山手線の扱いはほとんど変わっていない。悲しいくらいに変わっていない。途中で1面増えて2面になり、せいぜい両数が増えるに従ってホームを伸ばしていったくらいである。まあ、入ってくる山手線の電車の色が茶色からカナリア色に、そしてうぐいす色になるなどという変化はあったが、それとて東京駅における山手線が占める位置に変わりがあるようなことではない。

東京駅そのものの変化は大きかった。昭和4年（1929年）には八重洲口が開業する。駅の東側に広がっていた広大な操車場を跨線橋で跨ぎ、目の前を流れる外濠の八重洲橋のたもとにできた小さな駅舎。それが八重洲口のスタートであった。八重洲口は戦後直後の昭和23年（1948年）に2階建ての立派な駅舎にリニューアルするが、わずか5ヶ月後にタバコの不始末で丸焼けになってしまう。なんとももったいないというか、恥ずかしいというか、天下の東京駅にあるまじきエピソードである。

戦時中には軍需輸送の増加に対応するため東京駅の拡張が行われている。昭和14年（1939年）に操車場を品川に移転（その移転後の敷地の一部に高輪ゲートウェイ駅が設けられるというのはなんとも皮肉なドラマである）。空いたスペースを使って昭和17年（1942年）に第5ホームを新設している。

山手線外回りホームから見ると東海道線は少し高い

戦後も東に向かってホームの拡張は進み、昭和29年（1954年）には八重洲口にも立派な駅舎が完成。このときのホームの数は実に7面。山手・京浜東北線のホームは2面に増やされていて、東海道線は押し出されるように西に移って横須賀線と合わせて4面8線。いま、山手線の外回りホームから東海道線ホーム側を見ると一段高くなっていることがわかるが、それはこの時に完成した構造である。

昭和39年（1964年）に東海道新幹線が開業。新幹線はさらに八重洲側に増設した2面のホームを使うことになった。ついで昭和47年（1972年）には総武快速線の地下ホームが完成。昭和55年（1980年）に横須賀線は総武快速線と直通することになって、地上で東海道線と分け合っていたホームから地下に潜る。これによって本数が増えていた東海道新幹線を3面に増やすことができた。

ただこれで地上のホームに余裕ができたということはなく、平成3年（1991年）に東北新幹線が乗り入れたが、ホームを新たに増やすほどの余裕は残されていなかった。結果、横須賀線が地下に移った後に3面を使っていた東海道線を2面に縮小、浮いた1面だけを東北新幹線に与えたのである。

それでも東北新幹線が1面2線ではいくらなんでも無理がある。けれど東側には八重洲口の立派な駅舎があって、ホームを増やす余地はまったく残されていない。そこで苦肉の策というべきか、平成7年（1995年）に中央線の第1ホームをさらに高い場所に持ち上げる重層化を敢行。そこで浮いた旧来の第1・第2ホームに山手・京浜東北線を移し、あとは順にひとつずつ移していって、空いた第6ホームを東北・上越・北陸新幹線に与えた。こうして今の東京駅は概ね出来上がった。

まあ、つまるところ少しずつ八重洲方面に拡大していって、限界まで達したらあとはホームを重層化するなどしてなんとかスペースを生み出して巨大な日本の玄関口を作り上げてきたということになる。

で、そうした中で山手線はたいして大きな役割を果たしていない。もちろんお客をあちこちから運んでくるという点では大いに活躍しているのだが、それは他の路線とて同じことである。

東京駅と言えばかつては西を目指すブルートレインが盛んに出発した駅としてもおなじみだが、そんなブルートレインが生み出す旅情とも東京駅は無縁である。寝台特急「あさかぜ」が登場する松本清張の名作『点と線』でも、出てくるのは山手線とは最も離れた13番のりばと15番のりば。東京駅における山手線の存在感は一貫して薄い。

だいたい、東京駅は実に儀礼的な駅である。

荘厳な丸の内駅舎は正面に皇族専用の出入り口と貴賓室を持ち、駅前から伸びる道の名は御幸通り。真っすぐ行けば皇居外苑、さらに行けば皇居の正門にも通じている。日本橋などの繁華街に近い八重洲口の開業が東京駅開業から15年も遅れたこととあわせて考えれば、中央停車場という名はまさしく皇居、天皇のための駅ということの現れであった。

昭和22年頃の東京駅八重洲口。乗車券を求める人の行列だ（『百年史』より）

別にそれが悪いというわけではないが、例えば〝ラスト・エンペラー〟愛新覚羅溥儀の来日時には昭和天皇が東京駅で出迎えたし、ヒトラー・ユーゲントも来日時には東京駅に降り立った。昭和18年（1943年）に海軍甲事件で戦死した山本五十六は亡骸となって東京駅に凱旋している。今だってそうだ。海外からやってきた在日大使たちは東京駅前から馬車に乗って皇居に趣き、信任状捧呈式に望む。とにかく東京駅は儀礼的な要素を強く備えた駅なのである。

かつてはブルートレイン、今では新幹線という全国各地に通じる〝旅〟の拠点としての東京駅。そしてもうひとつは皇居に面した儀礼的な駅としての東京駅。この2つの顔を持つ中で、満員の通勤電車でおしくらまんじゅう、すし詰めの山手線などはいかにも庶民的過ぎて東京駅には不釣り合いなような気もしてくる。一介の通勤電車が胸を張って「東京駅はオレの駅だ」などと言えるような、そんなものではないのである。

まあ、そうは言っても現実的に東京駅の利用者の多くは通勤客である。

現在の八重洲口。こちらに向けて駅を広げた

皇居に面する丸の内駅舎も、かつて三菱が原などと呼ばれて三菱の名のもとに開発された日本屈指のオフィス街。そこで働く人たちにとって東京駅は実に日常的な駅であろう。八重洲側もそうだ。日本橋方面に向けてこちらもオフィス街が広がる。とうぜん、八重洲側の出入り口にもたくさんのお客が行き交って、東京駅のひとつの光景を作り出している。

中央停車場である東京駅の本質をどう捉えるか。儀礼的な側面に重きを置くもよし、新幹線のターミナルとして捉えるもよし。ただ、やはり駅を拡張し続けてきた理由も、今の東京駅がJR東日本だけで1日約47万人もの乗車人員を抱えている理由も、〝通勤客〟にあろう。どんなに取り繕ったところで、東京駅の日常はやはり山手線に象徴されるのではないかと思うのである。

とうきょう

【所在地】 東京都千代田区丸の内
【構造】 高架駅
【開業】 大正３年（1914年）12月20日
【接続路線】 東海道新幹線・東北新幹線・上越新幹線・北陸新幹線・東海道線・横須賀線・総武快速線・中央線・上野東京ライン・京浜東北線・京葉線・東京メトロ丸ノ内線・東京メトロ東西線（大手町駅）
【山手線ホーム】 ４番のりば（内回り）、５番のりば（外回り）
【１日平均乗車人員】 467,165人（山手線中３位）

有楽町駅の入り口の手前には新幹線の高架も

JY
30

有楽町

平日は仕事帰りに飲み食いを愉しみ、休日には銀座への買い物に

東京駅から800m、駅舎は高架下に押し込んだ

天下の中央停車場、東京駅からたったの800mで有楽町駅に到着する。

他のところでも触れたとおり、大ターミナルの隣の駅はだいたい小規模で町の風景もターミナルから隣接していてその余韻を残す衛星的な存在になるものだ。こういう流れで駅と町ができるから、とうぜん開業はターミナルよりも遅れる。そもそも、駅間距離が1kmと離れていないところも多いのだから、ふつう駅はこれだけの短い距離を空けて作ることはない。

現代人は歩くことが嫌いだから（筆者だけかもしれない）、1kmも歩けと言われれば面倒くさいなあと思う。ただ1km程度なら15分で済むからまあ妥協できる範囲だろう。駅から徒歩15分の場所に家を持つくらいなら許容範囲だ。ところが2km歩けと言われたらどうだろうか。時間にして約30分だ。てくてく30分も歩くくらいなら、最初からタクシーに乗ってしまうに違いない。いや、むしろ最寄り駅から自宅までならば15分くらい歩いても、仕事中の立ち寄り先が駅から15分と言われたら歩くかどうかもわからない。タクシーという選択肢はかなり上位に入ってきそうだ。

まあとにかく話が脇道に逸れてしまったが、現代人にとって徒歩15分は少し厳しい。だが、鉄道黎明期においては徒歩15分など歩いたうちに入らないのではないかと思うのだ。鉄道がない時代、馬に乗ってさっそうと駆け抜けるなどというのは妄想で、ほとんどの人はどこに行くにも歩いていた。江戸時代には江戸からお伊勢参りだって歩いていたし、遠方からの参勤交代だって徒歩だ（エラい人は駕籠に揺られていました）。

なので、たかだか１㎞も離れていないところに駅を設けようというのは当時の人の発想からすれば奇想天外な発想に違いない。今だって、１㎞程度の距離をわざわざ電車など乗らずに歩いて移動する人も少なくないはずだ。こういうほとんど隣のターミナルと離れていない駅は、ターミナルのお客を少しでも分散するという役割を持っている。

ここで有楽町駅に戻る。ここまで書いたような、大ターミナルの衛星駅と同様の存在に見える有楽町駅なのだが、実は本質的にはまったく違っているのだ。

有楽町駅の開業は明治43年（１９１０年）６月25日。それに対して、東京駅は大正３年（１９１４年）12月20日。大ターミナルの東京駅よりも有楽町駅のほうが４年以上先輩なのである。駅間距離がたったの８００ｍ、そして駅周辺の光景の連続性から有楽町を東京駅の衛星駅と思い込んで扱うのはハナから間違っているのだ。

といっても、山手線の中における有楽町駅の存在感は小さい。東京駅と新橋駅という知名度においては全国区の駅に挟まれているから仕方がないというものだ。停車するのは山手線と京浜東北線だけで、京浜東北線は快速が通過するので日中は山手線のみになる。ホームが２面４線というのは京浜東北線との併走区間ではおなじみだし大きくも小さくもないごくありふれた構造だが、やはり東京駅や新橋駅と比べると物足りない。

さらに、駅舎がない点も見逃してはならぬ。実際には駅舎がないのではなくて高架下に隠れているだけなのだが、やはり外を向いた立派な駅舎とそれに付随した駅前広場のようなものがなければ、存在感が小さくなってしまうのも無理はなかろう。同様のスタイルの駅には他に御徒町駅や神田駅があるが、存在感のなさも似たようなものだ。

さっそく山手線に乗って有楽町に行ってみよう。

高架上のホームはご存知の通りやはり狭く感じる。ホームドアがあるからますます狭く感じる。さらに西側はまだ高架の下がすぐにビルや通りになっているからいいが、東側には東海道線や新幹線の高架が並んでいる。上を塞がれているわけではないが、せっかく高架のホームに立っているのに見下ろす感じが味わえないし、狭さを一層増してくれるような気までしてくる。

明治時代のレンガ造りの高架が現役

ホームから階段でコンコースに降りても、こちらもあちこちで工事をしているからたまらない。狭いし動線は限定されているしで、高架下のもともと限られた敷地を使っているから仕方ないのはわかるが、やはり気持ちのいいものではない。

まだある。有楽町駅は単に高架2面4線で高架下にコンコースがあるだけのシンプルな構造だ。だからわかりやすいと思いたいのだが、実際はまったくややこしい。それは出入り口がいくつもあるからだ。

高架下のコンコースから東西それぞれに出る改札口があるのはまだわかる。ところが、有楽町駅の場合はコンコースそのものが3ヶ所に分かれている。ホームから降りる階段は外回りホームで3ヶ所（内回りだと1ヶ所増える）。そしてこの3ヶ所とも違うコンコースに出るのだ。中央の階段は中央西口と中央口。東京駅方は国際フォーラム口と京橋口。新橋駅方は日比谷口と銀座口。しょせんはホームの長さの範囲内に収まる3つのコンコースなので外に出てから歩いてもどうということはないが、ホーム上で目的地にはどの階段を降りればいいのか案内表示を眺めている人も見かける。

さらにもう少し悪口を言えば、有楽町に限らないがこの日比谷口とか京橋口とか、そういう地域名をつけた出入り口はわかりやすいようでそうでもない。日比谷がどんな場所なのかわかっている人にはそれでいいが、不案内な人にはたまらない。まあ、かといって東口とか西口のほうがわかりやすいのかというとそうでもないので、これくらいは文句を言わずにおこう。

明治時代に築かれたレンガ造りの高架とメディアの町

なんだか悪口ばかりになってしまったが、有楽町駅は昔から地味な駅だったわけではない。いや、今だって日比谷口・銀座口の名からわかる通りまったく地味ではない。お客の数も約17万人（1日平均乗車人員）もいるし、駅周辺はいつのときも賑やかだ。日比谷口側はザ・オフィス街。朝夕は通勤学でごった返し、激しい混雑は開業時からの有楽町駅の悩みのタネだ。それでいて、かつて東京都庁があった場所に建つ国際フォーラムは休日にもイベントがあればたいそうな賑わい。銀座口は言わずもがなで銀座の玄関口である。

有楽町駅の開業が東京駅よりも新しいことはすでに述べた。新橋方面から有楽町、東京と続く高架区間は、明治時代に計画されて実際に建設された日本最古級の高架線である。まさに現役の一級文化財。その途上に有楽町駅があるからには、多少そこにも触れておかねばなるまい。

有楽町駅を含む高架区間が開業する以前は南に新橋、北に上野、東に両国、西に飯田町（のち万世橋）という4方向のターミナルが併存していた。それを統合して中央停車場を設けようというのが東京駅のはじまりである。中でも特に重要視されたのが新橋と上野を結ぶ計画で、これは明治22年（1889年）に高架鉄道として建設することで認可を受けた。実際の建設工事は現在の東京駅付近を境として北側は日本鉄道、南側は官設鉄道（すなわち国である）が担うことになったのだ。

有楽町駅はこのうち官設鉄道が担当した南側は「新永間市街線」と呼ばれる。浜松町付近の新銭座と大手町付近の永楽町という両端の地名からもらったものだ。当時の日本に高架鉄道をつくる技術はとうていなく、ドイツから技師を招いてレンガをアーチ状に積み上げて高架橋を作り、架道橋部分は鉄桁を用いることとなった。もちろん今でもこの区間の高架はレンガ造り。アーチ状にくり抜かれた部分は倉庫になったり飲食店になったりしていて、特に飲食店はいかにも〝昭和のガード下の立ち呑み屋〟といった雰囲気が味わ

開業当時の有楽町駅。アーチ状の高架は今と同じだ（『百年史』より）

有楽町駅に近い数寄屋橋交差点。かつて外濠が流れていた

い深い。ガード下だとさぞかしうるさいかと思って店に入っても意外と静かなのはレンガには騒音や振動を吸収する効果があるからだという。

こうして南から少しずつ線路を伸ばし、明治43年に有楽町駅まで開業した。駅から少し離れたところには外濠が流れ、その先には銀座の町並み。反対の日比谷側は丸の内ともほど近いオフィス街であった。外濠を隔てていたこともあってか、銀座への玄関口というよりは会社員のための通勤の町という色が強いのは当初からのことだ。

かつての有楽町は、メディアの町という顔も持っていた。日本を代表する大手新聞社、朝日・毎日・読売がともに有楽町付近に本社を構えていたのだ。日比谷から銀座にかけては映画会社が集まる地でもあった。そしてすぐ近くには東京随一の繁華街である銀座があって、その間には外濠が流れる〝水辺の駅〟。こうしたロケーションもあってか、有楽町駅や外濠は実に多くの作品で描かれてきた。今はなき数寄屋橋が舞台となった『君の名は』などはその白眉であろう（もちろん真知子巻きの方ですよ）。

働く人が集まる町、駅であるかには戦後には駅前にヤミ市が広がり、そのうちの一角はすし屋横丁として賑わったという。ただ、やはり〝ヤミ市の駅〟はあまりいい印象とは言い難い。そこで、関西発の百貨店「そごう」が進出するにあたって行ったのが「有楽町高級化キャンペーン」。新聞社に付随して広告代理店も集まるメディアの町ゆえの戦略だ。

そごうは昭和32年（1957年）5月に開店、おおいにお客を集めることに成功したが、同年中にキャンペーンソングとして発売されたのがフランク永井の「有楽町で逢いましょう」。翌年には映画にもなった。こうして有楽町は情報の発信地、流行の発信地という顔も得たのである。ちなみにそごうは現在ビックカメラに生まれ変わってしまった。

こうした歴史を振り返ると、有楽町駅を地味だとかなんだとか悪口を言ったことが申し訳なくなってくる。高度経済成長期、有楽町は多くのサラリーマンたちが会社帰りに飲み食いを愉しむ町となり、休日には銀座への買い物の玄関口や映画鑑賞の町として人を集めた。

新聞社はすべて有楽町から姿を消したし外濠も埋まってしまったが、こうした有楽町駅の本質は変わっていないといっていい。

取材で改めて有楽町駅を訪れたとき、中央改札を出たところのガード下でストリートミュージシャンが「なごり雪」を歌っていた。有楽町に「なごり雪」にあるような旅情を求めるのには不似合いだろうか。あらゆる地方から集まった人たちが日々交わる有楽町駅には意外と相性がいい曲なのかもしれない。

ゆうらくちょう

【所在地】 東京都千代田区有楽町
【構造】 高架駅
【開業】 明治43年（1910年）6月25日
【接続路線】 京浜東北線・東京メトロ有楽町線
【山手線ホーム】 2番のりば（内回り）、3番のりば（外回り）
【1日平均乗車人員】 173,003人（山手線中11位）

汐留側には現在も駅舎が建つ。こちらが新橋駅の正面だ

SMB JY 29

新橋

「新橋」を名乗るがその歴史は紆余曲折

他ターミナルと同じく頭端式が足かせとなった旧駅

『鉄道唱歌』は「汽笛一聲新橋を　はや我汽車は離れたり」という一節からはじまる。終点の神戸までは66番まである長い長い曲なのだが、それは別の話なので横に置く。そもそも本書の主役は山手線なので東海道線は関係ない。

そして現在の新橋駅、山手線の新橋駅といったときに、汽笛一声の新橋駅と『鉄道唱歌』もまったく関係がない。よく知られたとおり、現在の新橋駅と『鉄道唱歌』に出てくる新橋駅はまったく別の駅である。

ただ現在の新橋駅について書くにあたって、『鉄道唱歌』の新橋駅（これからは旧新橋駅と書くことにする）を無視して通ることもできないので、日本の鉄道開業にさかのぼって紐解いていくことにしよう。

旧新橋駅が開業したのは明治5年9月12日（新暦では1872年10月14日）。それよりも数ヶ月早く品川〜横浜間で仮開業していたので、日本初の駅とは言えないのが実に残念であるが、それでも〝帝都・東京のターミナル〟として建設された駅としては日本初であることは紛れもない事実である。

旧新橋駅は現在の新橋駅から国道15号を渡った少し海側、汐留シティセンターのあたりにあった。その汐留シティセンターの一角には旧新橋駅の復元駅舎

があって、往時の雰囲気をほんの少しだけ感じることができる。すぐ北には汐留川が流れていて、それを渡ればもう銀座。銀座は当時から東京の中心たる大繁華街になりつつあって、その玄関口という役割も求められていたのだろう。

旧新橋駅はまったく明確な「起点」としてつくられていて、頭端式でホームのどん突きの先に駅本屋が建っている。上野駅もそのような構造だったが、つまりそれ以上先に延伸することがままならないような駅だったのだ。

こうした構造は起終点のターミナルとしてはほんらいごく普通のものである。現実に最初の終着駅である横浜駅もそのような構造を取った。現在も頭端式のホームは珍しくなく、特に私鉄では阪急の梅田駅などまさに荘厳なザ・ターミナル。かつての東急渋谷駅などもそうだった。

しかし、これからいよいよ鉄道網を全国に張っていこうとする中で、延伸できない構造というのは困りもの。横浜駅の頭端式ホームは早々に「これは厄介だなあ」となったようで、直後に建設された大阪駅などは敢えて頭端式を避けてスルー方式のターミナルとしている。東京駅も同様に、スルー方式にすることで今の繁栄を得たといっていいだろう。

旧新橋駅もこの頭端式が足かせであった。駅そのものは鉄道の有用性が認められるに従って規模を拡大し、浜離宮の横から現在の国道15号付近まで扇形に広がって工場を併設したり貨物の取り扱いスペースも拡大したり、とにかく規模を大きくしていった。そこまではまだ良かったのだが、明治も後半になってくると都心方面に延伸して東海道線（官設鉄道）と日本鉄道が建設していた上野駅以北の路線とを結ぶ必要性が生じてくる。そこで頭端式という構造が仇になったのである。結果、新橋から上野までを高架で結ぶにあたって、明治42年（１９０９年）に旧新橋駅のすぐ西に烏森駅を開業。これが現在の新橋駅のはじまりである。

……というのは、新橋駅や東京都心の鉄道の歩みを語る上でほぼ必ずといっていいほど出てくるお話である。ただ、よく考えてみれば上野駅とて同じ構造をしている。なぜ新橋駅だけが場所を変えなければならなかったのか。その答えはわからない。なので想像になるが、上野駅には頭端式ホームの西側に線路を広げる余地があった。上野台地の崖を削るという方法もあった。しかし新橋駅のほうはそれほどの余地がなかったのだろう。

旧新橋駅の駅舎のすぐ横から北に線路を伸ばそうとすると、すぐに銀座に突き当たる。完成していた銀座の町並みをぶち壊して高架の線路をつくるなど、いくら当時の政府でもできようはずもなかろう。結果、旧大名屋敷などがあって比較的土

アーチ状のレンガ造りの高架は新橋にも

地を確保しやすい西側に高架を作ることとして、新橋駅の〝分裂〟を招いた。そう考えればいろいろと辻褄が合いそうだ。

こうして「烏森駅」の名で開業した現在の新橋駅は、大正3年（1914年）12月20日の東京駅開業にあわせて新橋駅に改称。それから現在まで、「新橋」と言ったらこの新橋駅だけである。

新橋駅の駅前にはかの有名なSL広場があり、東側（汐留口）を出た先には動輪と『鉄道唱歌』の碑。このあたりはいかにも「鉄道発祥の地ですよ」とアピールしているように見えるのだが、実際はまったくそうではないことだけは強調しておきたい。

なお、旧新橋駅は大正3年に「汐留駅」に改称。旅客ターミナルの役割は完全に東京駅に譲って貨物専用となった。以来東京の〝貨物の玄関口〟として長きに渡って重きをなしたが、国鉄分割民営化の直前、昭和61年（1986年）11月1日に廃止されている。その後、跡地は国鉄清算事業団に移管。民間に売却して国鉄の債務返済に充てることになる。ここでも「バブルを加熱させてはならぬ」という理由からしばらく塩漬けにされるというひと悶着があった。結果、汐留エリアの再開発が完了したのは平成14年（2002年）以降。現在の新橋駅のひとつの役割は汐留の再開発エリア（汐留シオサイトという）へのアクセスというものがあるが、その実態は〝現新橋駅から旧新橋駅へ〟。単なる移動も歴史を知れば味わい深くなる。

新橋にもあったレンガ造りの駅舎は横須賀線地下化で姿を消した

こうして長々と歴史を振り返ってしまったが、改めて考えてみると本書の主役である山手線のためにこそ、現在の新橋駅が開業したとも言えるのではないか。明治42年に「烏森駅」の名で開業した時点では山手線（にあたる電車）しか停車しない駅だった。「新橋駅は山手線の駅ですよ」と歴史が訴えているようではないか。

そういう目線で現在の新橋駅を歩いてみよう。

新橋駅の高架ホームは3面6線。1・2番のりばは東海道線（と上野東京ライン）が使い、3〜6番のりばを山手・京浜東北線が使う。山手線側では他の駅もそうであるように、外側が京浜東北線、内側2線を山手線が使っている。

有楽町駅同様、この区間の山手線は明治末期につくられたレンガ造りの高架の上にある。すぐ北で汐留川を渡った先ではたゆたう外濠と仲良く並走していた。まさか今のように爆発的にお客がやってくる駅になろうとは思いもよらなかったであろう。だいたい、山手線の電車運転は最初たったの1両編成からはじまったくらいだ。

ところが今や山手線は11両編成。ホームを縦に伸ばすことはなんとかなったが、横に広げるだけの余裕はない。結果、日常的に新橋駅を使っている人なら理解していただけると思うが、お客の数には不釣り合いなホームの狭さになってしまった。

さらに新橋駅は目下工事中である。おかげでホームやコンコースの動線は制限されている上に、工事の進捗に合わせて変更されることもあるから悩ましい。有楽町駅の項でも書いたが、JR東日本さんの事情は充分にお察しするが新橋駅を歩いているとやはりなんとかならんものかとも思ってしまう。こういうところに、「使い続けている鉄道施設のリニューアル工事」の難しさがあるのだろう。

有楽町駅と新橋駅はなにかと共通しているところが多いのだが、駅舎がほとんど駅の高架の下に収められているという点もよく似ている。ホームから有楽町駅方の階段を降りれば北改札。浜松町駅方の階段を降りると南改札。有楽町は高架下のコンコースが完全に3つに分かれていたが、新橋駅は細い通路ですべてつなが

SL広場のSLは新橋のシンボル

「ゆりかもめ」の新橋駅は汐留口を出てすぐ

っている点はありがたい。

北改札から出ると日比谷口と銀座口。日比谷口の目の前はＳＬ広場だ。ＳＬ広場は酔っ払ったサラリーマンの街頭インタビューなどでしばしばテレビにも登場するおなじみの場所だ。テレビに限らず、雑誌などでも街頭でオジサンに話を聞きたいというときにはよく足を運ぶ場所で、筆者も何度もここでオジサンの話を聞いたことがある。

テレビの様子を見ると、ＳＬ広場は気のいい酔っぱらいオジサンばかりだろうと思ってしまうが、実際に行くとそんなこともない。若い人もいれば観光客もいる。会社帰り、まあデートか何かで待ち合わせをしているのであろう女性もちらほら。そんなところで通りすがりの人を捕まえて話を聞くのは意外と難しいのだ。

話が逸れたが、このＳＬ広場の横に建っている古い雑居ビルはニュー新橋ビル。戦後直後、新橋駅周辺に溢れかえったヤミ市の商店の一部を入居させて、つまりは「ビルの中にしまい込んで駅前の風景をキレイにする」という臭いものにフタ的な施策の結果生まれたビルだ。

おかげで昔ながらの味のあるいい店もいくつかあるのだが、時代の流れの中ですっかりニュー新橋ビルも様変わり。上層階に行けば中国人が経営しているマッサージ店や、それこそファッションヘルスなどもある。ヤミ市がルーツであることがよくわかる、そんなビルである。

新橋駅に戻って南改札に回る。南改札の北側は烏森口、南側は汐留口。汐留駅という消えた大貨物駅と烏森駅という新橋駅の旧称を持つ。汐留口側には動輪と『鉄道唱歌』の碑、そして「ゆりかもめ」の駅舎がある。駅前ロータリーがあってタクシーが行き交っているのもこちらで、昭和45年（１９７０年）まではこの場所に立派な駅舎も建っていた。

新橋駅の駅舎はまだ「烏森」を名乗っていた大正3年3月30日に完成したもので、東京駅を設計した辰野金吾の事務所が手掛けたルネサンス様式のレンガ造り。関東大震災で被害を受けたものの修繕されて長く使われた。取り壊されたのは東海道線と横須賀線の分離、すなわち「SM分離」に伴って横須賀線を地下に移す工事でジャマになったから。古き立派な駅舎はどこも壊される運命にあるものだが、これも鉄道施設は〝使いながら治す〟という宿命を背負っているからなのである。

今の新橋駅は、前にも書いたとおり工事中という事情もあってあまり使いやすい駅ではない。白い仮囲いばかりが目立つ。ただそれでもお客は多いし、駅の周辺はヤミ市にルーツを持つような雑居ビル（悪口に聞こえたかもしれないが意外と旨い店も多くて嫌いではない）、いかにも〝会社員のため〟の飲食街が広がる。汐留口は汐留の再開発エリア。旧新橋駅があった、つまりは日本で初の鉄道ターミナルの跡地に高層ビルがいくつも建ち並び、その間を「ゆりかもめ」の無人運転列車が抜けてゆく。新橋駅の山手線は相変わらずの賑わいである。

しんばし

【所在地】 東京都港区新橋
【構造】 高架駅
【開業】 明治42年（1909年）12月16日
【接続路線】 京浜東北線・東海道線・横須賀線・東京メトロ銀座線・都営地下鉄浅草線・ゆりかもめ
【山手線ホーム】 4番のりば（外回り）、5番のりば（内回り）
【1日平均乗車人員】 281,971人（山手線中6位）

北口は駅前の道路を跨ぐ高架下に

HMC JY 28

浜松町

東京の空の玄関口・羽田空港へはモノレールで

駅を跨ぐ跨線橋は土木学会の賞も受賞

山手・京浜東北線だけでなく、東海道線や地下ホームの横須賀線も停まる新橋駅を出るとすぐに国道15号を渡る。第一京浜とも呼ばれる国道15号はかつての五街道のひとつ、東海道とほとんど同じところを走っている。つまり山手線は新橋駅を出てすぐに東海道を跨いでいるのだ。

明治時代はまだかつての街道筋の存在感が強かった。そうした時代によくまあ天下の東海道を跨ぐなどできたものだなあと思った。思ったが、改めて地図を見ると東海道は旧新橋駅のすぐ西側に通っている。線路は旧新橋駅から左に緩やかにカーブしながら南に向かうので東海道を跨ぐことはなかったのだ。

そんなことを考えるほどの間もなく、旧新橋駅の跡地にそびえる汐留のビル群を眺めつつ高架を下って浜松町駅に着く。東海道線も横須賀線も停まらない浜松町駅は山手・京浜東北線が使うホームが2面あるだけのシンプルな駅だ。

この駅の特徴はいくつかあるが、最大のものはモノレールであろう。山手線のホームから中央部にある階段を登って橋上駅舎に出ると、そのコンコースの西側にモノレールの駅につながる連絡改札口がある。連絡改札を通ればもうそこはモノレールの駅構内で、階段を二度登ればもうホーム。さらに空港快速な

モノレール浜松町駅は貿易センタービルとJRの間に

どに乗ったらものの20分で東京の空の玄関口・羽田空港だ。

この連絡改札、もともとは一旦JRの改札口を出てからすぐに目の前にあるモノレールの改札口を抜けねばならなかった。まあふたつの改札口の間はたいした距離もないから不便というほどでもなかったが、平成14年（2002年）に東京モノレールをJR東日本が子会社化したことで駅の改良が進んで乗り換えがより便利になったということらしい。悪いことはなにひとつない。

橋上駅舎は隣に建っているモノレールの駅ビルや貿易センタービルと直接つながっていて、事実上ひとつの駅舎のように一体化している。モノレール駅舎は貿易センタービルと浜松町駅に挟まれて細長く、通路のようなそのビル内にいくつかの商業施設。貿易センタービルはまったくのオフィスビルなので商業ビルのように賑やかではないが、駅と通じている階層にはカフェや書店が入り、地下はよくあるオフィスビルのそれと同じように飲食店街だ。

改めてこうした浜松町駅の様子を描写すると、結局のところどこにでもあるようなオフィス街の駅であることがわかる。事実それはそのとおりで、駅の周りは始終ビジネスマンが行き交う町。そこに加えてモノレールに乗って空港に行こうというお客や、駅前の通りをまっすぐ歩いて増上寺やさらにその先の東京タワーを目指そうという観光客もいる。ここまで来ればもう普通の町ではあるが、やはりビジネスの街という色合いが強く感じられるのだ。

それを体現しているのは、貿易センタービルとは反対側、すなわち海側にある東芝や東京ガスの巨大なビルであろう。これらのビルに向かっては橋上駅舎から線路をまたぐ跨線橋で繋がっている。跨線橋の名は「浜松町構内跨線人道橋」。トラス橋のように組まれている鉄枠の中に通路が収められている独特な形状をしていて、鉄枠は敢えて錆びさせて安定化させている。

　跨線橋の下には山手線や京浜東北線だけでなく、東海道線や東海道新幹線などわが国の大動脈がずらりと並んで走る。そうそう頻繁にメンテナンスを求められても困るし、かといってすぐに壊れたらそれもまた大問題だ。そこでこうしたメンテナンスフリーで、かつ頑健な構造を取ったらしい。この特徴的な構造は学会でも高く評価され、昭和58年（1983年）の竣工の翌年に土木学会田中賞を受賞している。

　ちなみに、この跨線橋のすぐ南側にはモノレールもJRを跨ぐ。つまり人が歩く跨線橋とモノレールが走る高架が仲良く並んでいるというわけだ。その下には新幹線や山手線。他のスポットなどと比べると地味ではあるが、これもまたいかにも〝東京〟らしい光景ではないだろうか。

駅前からは東京タワーも見える

モノレールもカートレインも見つめてきた小便小僧

浜松町駅のシンボルと言われると、隣にそびえる貿易センタービルや東京ガス、東芝のビルなどのオフィスが挙げられるだろう。モノレールもそのひとつだ。だが、駅構内にはもうひとつ、小さいけれど確固たるシンボルがある。外回りホームの南の端っこに立つ、小便小僧である。

　通勤で毎日浜松町駅を使っている知り合いに聞いてみたところ、この小便小僧の存在を知らなかった。毎日使うのになぜなんだと思ったが、周囲に聞いてもらっても知らない人の方が多い、というかほとんどの人が知らない。あげくに、「小便小僧なんて知ってるのは鉄道マニアだけじゃないの？」とまで言われる始末だ。

　いやいや、さすがにそんなことはないでしょう、と思った。が、よく考えれば筆者もナマで小便小僧を見たのは本書のための取材が最初であった。

小便小僧は3･4番のりばの南端に立ち続ける

　なんでそういうことになるのかというと、浜松町駅のホーム上において、改札口に通じる階段はかなり北側に寄っているのだ。北半分だけに階段があるといってもいい。だから浜松町駅を使う人はほとんど北側に集まる。混んでいるなあと思って少し歩いて南側に言ったとしても端っこまで行く人はめったにいまい。

　降りるお客ならば南側の端っこ近くというケースもあるだろうが、今どきほとんどの人が降りる駅での階段やエスカレーターの位置を確認して乗るだろうし、降りてからホームを見渡して「あ、小便小僧があるぞ」などと思うほど悠長な人は浜松町駅にはあまりいないだろう。そういうわけでせっかくのシンボルなのに、小便小僧の知名度は意外と低い。

そんな悲しき小便小僧、いったいいつ浜松町の駅にやってきたのだろうか。

浜松町駅の開業は明治42年（1909年）。市街地に高架を通して電車運転を行おうという計画の一環で、品川〜烏森間が開通したと同時に浜松町駅も開業している。当時は山手線だけしか走っていなかったのでホームは1面だけだった。お客は新橋の運輸事務所で働く人や近くの学校の生徒くらいしかいなかったという。

大正3年（1914年）に京浜線（京浜東北線）が運転を開始すると少しずつ利用者を増やし、海側にもう1面のホームも設けられた。このホーム、戦時中には使われなくなって資材置き場のようになってしまった。戦後もしばらくはそうした汚らしい状況は続いていたようだ。そこで当時の浜松町駅長が「お客さんに和やかになってもらう施設にしたい」と考えて、新橋駅首席助役を通じて新橋駅の嘱託歯科医であった小林光に相談。小林の歯科医院の中庭にあった小便小僧の寄贈を受けて、海側ホームの南端に設置したのだ。昭和27年（1952年）のことで、鉄道開通80周年という記念碑的な存在でもあった。

小便小僧がホームにやってきた昭和27年当時、まだ海側のホームは使われていなかった。だから当時の浜松町のお客たちの中にも存在に気が付かなかった人も多かったに違いない。小便小僧のホームに電車が来るようになったのは昭和31年（1956年）、山手線と京浜東北線が分離運転を開始したときからである（この間、小便小僧はひっそりリニューアルしていたという）。で、そんな小便小僧に会いに行くと、なんだか変な格好をしている。変な格好というと怒られそうだが、ガンダムコスプレを纏っているのだ。ＪＲ東日本がガンダムのスタンプラリーキャンペーンをしているからそれにちなんだものであろう。そしてそれを撮影しようとしているお客の姿もちらほら。やっぱり電車と絡めて撮影するのがいいらしく、タイミングを図っているようだ。

知っている人も多いだろうが、浜松町駅の小便小僧は着せかえ小僧。浜松町駅近くの会社で働く女性が雨の日にレインコートを着せたのがはじまりで、途中中断したことはあったが今も毎月新しい衣装に着せ替えられている。次はどんな衣装になるのかを楽しみにしている人もいるとか。

コスプレを楽しみながらも、絶えずおしっこがとまらない小便小僧。海側に新幹線が通ったりモノレールという新しい乗り物がやってきたり、件の跨線橋ができたり。そういう浜松町の歴史を見守り続けてきた、まさにシンボルなのだ。

小便小僧が見守った歴史のひとつに、カートレインというものもあった。その名の通りクルマを貨車に積み込んで旅をするシロモノで、平成2年（1990年）12月から平成10年（1998年）まで浜松町駅の南東側（東京ガスと線路の間のスペース）に専用ホームを設けていたのだ。ただ、貨車の幅を上回らないサイズのクルマしか乗せられず制限も多く、末期は存在すらほとんどの人に忘れられているような状況であった。鉄道史における〝黒歴史〟のひとつといえるかもしれない。小便小僧はそれすらもおしっこしながら横目で見ていたのだ。

今ではどちらかというとゆりかもめに役割を譲っているが、かつて浜松町駅は海側の芝浦・竹芝桟橋への連絡駅という役割も持っていた。いわゆる東京から〝海〟における玄関口。そしてモノレールを通じて空の玄関口にも通じる浜松町駅。空へ、海へ。そういう駅の役割の変化を含めて、小便小僧はひっそりと見守り続けている。

はままつちょう

【所在地】 東京都港区海岸
【構造】 地上駅
【開業】 明治 42 年（1909 年）12 月 16 日
【接続路線】 京浜東北線・東京モノレール・都営浅草線（大門駅）・都営大江戸線（大門駅）
【山手線ホーム】 2 番のりば（内回り）、3 番のりば（外回り）
【1 日平均乗車人員】 162,143 人（山手線中 12 位）

オフィス街ではあるもののどことなくハイソな空気が？

JY 27

田町

田町駅の三田口。駅舎の上層にはアイリッシュパブ

駅前の国道を跨いだ先には慶應義塾大学三田キャンパス

東京駅から南の山手線沿線は銀座などの繁華街もあるにはあるが、目立つのはオフィス街としての性質であろう。新橋駅前などはまさしくオフィス街で働く人たちを当て込んだ盛り場だし、浜松町駅周辺の飲食店もそうだ。だから、これらの町は週末になると平日と比べると明らかにひとけが少なくなる。土曜休日は開けない店もあるくらいだ。どの町も、ごく普通の会社員たちが同僚と連れ立って会社帰りに酒を飲む、そんな町である。

ところが、田町駅までやってくると少し雰囲気が違うのではないかと思うのだ。浜松町までが庶民的（と言ったって皆さん泣く子も黙る大企業にお勤めなんでしょうけどね）な印象を抱けるのに田町に来るとどことなくハイソな空気。上品というかなんというか、それまでとはどこか違う印象を抱くのだ。「そんなのお前だけだろう」と言われたらそれまでではあるが、やはり田町駅の空気は少々違う。その理由は、ひとつに駅の構造にもありそうだ。

田町駅も浜松町駅や有楽町駅などと同じように、ホームは2面4線。中央の2線を山手線が使い、外側2線を京浜東北線が使う。ただ違うのはここは高架ではなく地上駅であるということ。さらにホームの東側は田町の車両基地に向

かって線路がいよいよ羽を広げようとするところで、敷地に余裕があるのか、比較的ホームも広くなっている。調べてみると、平成16年（2004年）に改良工事を行ってホームを広くしたらしい。

駅が高架でないので構造も根本的に違う。ホームのおおよそ中央部を覆うようにして橋上駅舎が設けられていて、その中央が自由通路。改札口は南改札と北改札の2ヶ所に分かれているため、ホーム上でどの階段を登ればいいのか一瞬戸惑うのだが、どちらの改札も出たところは同じ自由通路だから気にすることはない。

橋上のコンコースや自由通路は広くキレイで、改札内に入っているコーヒーショップですら他の駅とは違う印象を抱く。そして自由通路からは東西それぞれの駅前に広がるペデストリアンデッキにつながっている。

まず、西口（三田口）に出てみよう。田町駅の西口はいかにも「駅の正面」らしい立派な構え。駅舎の上層にはアイリッシュパブが入っているようで、パブの店名とギネスビールのロゴがよく目立つ。普通ならば雰囲気を壊すと文句のひとつも言いたくなるのだが、なぜか田町駅ならしっくり来るから不思議である。これが格安居酒屋チェーンだったりすればこうはいかない。

大きく広がったペデストリアンデッキからは隣接する雑居ビルにも直接つながっていて、その向こうには東海道、国道15号（第一京浜）が通っている。この国道を少し北側に歩くと、今の東京の町にとって実に重要な歴史的な地がある。

慶応4年（1868年）3月14日、新政府軍方の西郷隆盛と旧幕府軍方の勝海舟が田町の薩摩藩蔵屋敷で会談する。その結果、翌日に控えていた江戸城総攻撃が回避された。もし江戸城総攻撃が実施されていたら江戸はまったくの焼け野原になって、今のような繁栄が望めたかどうか。今、薩摩藩蔵屋敷跡地は三菱自動車の本社ビルになっているが、一角に記念碑が設置されている。

三田口の特徴はこれだけではない。三菱自動車の本社もそうだが、他にもいくつもの大企業の本社が軒を連ねる日本屈指のオフィス街。森永製菓やバンダイナムコ、日本電気など名だたる大企業が田町に集う。

そしてさらにもうひとつ、学生街としての顔も持つ。三田口という出入り口の名から察することができる通り（というかもう言わずもがなですね）、田町駅の近くには慶應義塾大学三田キャンパス。さらに高校や中学なども多く、朝の通勤時間帯はビジネスマン、それが終わると若い学生たちで賑わい、夜は三田で酒席を愉しむ学生や会社員が入り交じる。

田町駅がどことなく上品という話を最初にしたが、それはもしかしたら慶應義塾大学のおかげという一面もあるのかもしれない。ちなみに、慶応のキャンパスがある方面には国道15号を渡らねばならないが、そこはさすがの配慮。駅前からのペデストリアンデッキを進むと国道を跨ぐ陸橋にもなっていて、交差点で信号待ちなどということはしないですむ按配だ。

ボウリングブームとジュリアナ東京、田町は流行の拠点？

ここで反対側の芝浦口に向かおう。三田口は山手線の線路と隣り合っているが、芝浦口に出るためには田町駅を素通りする東海道線や新幹線の線路を跨いで歩かねばならぬ。自由通路がそのまままっすぐつながっているから不便はないが、少々歩く距離は長い。この自由通路や橋上駅舎は昭和46年（1971年）にできたものだ。

芝浦口側は、大正以降に埋め立てられて生まれた。何本も運河が流れているところにもそうした面影が残っている。つまり、明治42年（1909年）12月16日に田町駅が開業した時点ではまだ出入り口があるどころか埋め立ても端緒についたばかりの無人の地。芝浦側に出入り口ができたのはだいぶ遅れて大正15年（1926年）になってからであった。出入り口ができたおかげで芝浦側の発展も相当進んだようで、昭和初期の地図を見ると芝浦側にもいくつもの建物や工場ができていることが見て取れる。

つまり、田町駅にとっては三田口側が西郷隆盛と勝海舟の会談もあったような歴史的な地である一方、芝浦口側は線路が通ってから開かれた近代以降の人工的な町という、二面性を抱えていることになる。

と言っても、埋立地が生まれてもう100年以上が経った。駅前の工場群はほとんどなくなったが、それと引き換えにマン

三田口前の国道15号とそれを跨ぐ陸橋。この先には慶應大学だ

令和の芝浦駅にはボディコンギャルはいません

ションやオフィスビルが林立して、すっかりごく普通のオフィス街になってしまっている。頭上を東京モノレールが通る運河の町を少し歩いて海側まで出れば、いかにも〝港湾都市〟といった趣きの倉庫街があったりするが、そうしたところに面影を求めるくらいで、令和の芝浦はごく普通のオフィス街&マンション街なのだ。

と、これで終わるといくらなんでも田町駅だけ情報量が少なくなってしまう。それに田町駅がなぜ他とは雰囲気が違うのかという答えも出せていない。

そこで田町駅の芝浦口側についてもう少し深く調べてみた。昨今のオフィス街、そしてかつての工場の町という以外に何か田町駅の個性に通じるものはないのか。そういう視点で調べてみると、田町駅の芝浦口はある種の〝流行の拠点〟であったことがわかった。

そのひとつに、田町ハイレーンというボウリング場の存在がある。テレビのロケでもしばしば登場した大型ボウリング場だが、平成27年(2015年)に閉館して建物も取り壊され、真新しいオフィスビルになっているので面影はないが、芝浦口のペデストリアンデッキから運河を渡って芝浦3丁目の交差点を左に曲がり、東京モノレールの下を潜ってもう一度運河を渡ったところにそのボウリング場はあった。

開場したのは昭和47年(1972年)。折しも世間はあの中山律子さんを筆頭としたボウリングブームの真っ只中であった。その余勢をかってオープンした田町ハイレーン、開場時は地上2階か

ら6階まで実に１１０レーンも抱える超巨大ボウリング場だったという。ボウリングブームは早々に終わってしまったが、それ以降もボウリングのいわば〝聖地〟として件の中山律子さんもしばしば足を運んでいたという。すなわち、田町にボウリングのメッカがあった、ということだ。

ボウリングだけではない。時代は少し下ってバブル真っ只中の平成元年（１９８９年）に芝浦の運河沿いにオープンした大型ディスコ「芝浦ゴールド」。さらに平成3年（１９９１年）にはその近くにあの「ジュリアナ東京」もオープンしている（実はジュリアナのオープンはバブルのピークが去った後である）。元倉庫街で広大なスペースがあって、さらにベイサイドというロケーションも手伝って「ウォーターフロント地区」などと呼ばれてバブルを象徴するディスコがいくつも集まっていたのだ。ＯＬや女子大生たちは田町駅のトイレで着替えてボディコンに身を包み、夜な夜なディスコに繰り出した。その横を会社帰りでスーツ姿のサラリーマンが歩く、というのが田町駅の当たり前の光景だったのである。

ボディコン、ジュリ扇、お立ち台のジュリアナ東京は今でもバブルの象徴のように取り上げられることが多いが寿命は短く、バブル崩壊後の平成６年（１９９４年）に閉店した。営業最終日には閉店を惜しむ人たちの大行列が田町駅まで伸びたという。

と、まあまるで見てきたように言っているが、筆者もとうぜんその時代の田町などはまったく知らない。知らないがよく聞く話なので本当なのであろう。少なくともボウリングにジュリアナ東京と、ウォーターフロントの芝浦は東京の流行の最先端を走る町であったことは間違いないといっていい。大企業の本社と慶應とかつて流行の拠点だった水辺の街。田町駅のどことなく他とは違う本質は、こういうところに由来しているということにしておこう。

ちなみに、田町駅の芝浦口は流行の拠点とは少し違うがそれに近いあるエポック的な場所でもある。駅前のペデストリアンデッキの下の目立たない一角に、「放送記念碑」と書かれた碑が置かれている。大正14年（1924年）3月22日、この場所からわが国で最初のラジオ放送がはじまった。メディアと流行は一体不可分。やはり田町は他のオフィス街の駅とは違う本質を持っているようだ。

たまち

【所在地】東京都港区芝
【構造】地上駅
【開業】明治42年（1909年）12月16日
【接続路線】京浜東北線
【山手線ホーム】2番のりば（内回り）、3番のりば（外回り）
【1日平均乗車人員】156,364人（山手線中13位）

TGW
JY 26

高輪ゲートウェイ

かつての〝海上の線路〟に設けられる半世紀ぶりの新駅

開業目前、電車が停まるのを待つホーム（JR東日本提供）

かつての車両基地が再開発されて街に

品川駅から外回り電車に乗って続けてきた山手線一周の旅もいよいよ終わりを迎える。最後の駅は、高輪ゲートウェイ駅だ。昭和46年（1971年）に開業した西日暮里駅以来、山手線にとっては約50年ぶりの新駅である。いったい、どんな駅なのだろうか。

と言っても、この原稿を書いている時点ではまだ高輪ゲートウェイ駅は開業していない。開業予定日は令和2年（2020年）3月14日。どんな駅なのかなどまったくわからないし、まだ開業していないのだから歴史についても語るところがない。つまり、何も書くことがないのだ。というわけで、山手線の旅はこれにておしまい……。

などというわけにはさすがにいかない。仕方がないので、高輪ゲートウェイ駅にまつわるあれこれを綴ることにする。

高輪ゲートウェイ駅は田町と品川の間、少し品川寄りに誕生する。ちょうど線路が大きく広がって車両基地になっているあたりだ。この車両基地は日本の鉄道網を支えてきた車両基地である。

明治5年（1872年）に日本初の鉄道が開通して品川駅が開業した当時、

高輪付近の工事の様子。左の道が東海道で海上に築堤（『百年史』より）

車両基地のあたり、つまり線路の東側は海だった。より正確に言えば、田町駅や高輪ゲートウェイ駅ができるあたりでは線路そのものが海の上に通っていた。海岸線ギリギリには東海道が通り、そのすぐ陸側には旧大名屋敷などがあって用地の買収がままならかったことが理由のようだ。そこで築堤を海上に築いて走らせることになった。

高輪ゲートウェイ駅の少し北に高輪橋架道橋という小さな架道橋がある。架道橋の下はもちろん道路になっているが、これがまた実に天井が低くて狭くて暗い道なのだ。通るクルマの高さ制限は1・5m。タクシーの行灯が引っかかってしまうとかなんとか、そういうネタにもなるほどよく知られた道だ。このご時世、都会の真ん中にこんなに通りにくい道がなぜあるのかというと、先の海上の築堤線路に関係している。築堤と陸地の間は運河になっていたが、そこから海に通じる水路がいくつか設けられていた。その名残がこの道というわけだ。この黎明期の鉄道を今に伝える道も、高輪ゲートウェイ駅開業や周辺の開発によって姿を消すことになるという。

さて、話を戻すと最初は海上を寂しく走っていた鉄道だったが、徐々に海が埋め立てられて線路の東側が広がってゆく。そこにできたのは鉄道の基地。大正5年（1916年）までに拡張を続けつつ、広大な操車場を設けたのだ。昭和5年（1930年）にはその一角に田町電車区も設置される。品川操車場は昭和17年（1942年）

高輪橋架道橋下区道は歩くときにも頭をかがめて

に新鶴見操車場に移転、その跡地に東京駅にあった検車所が引っ越してきて、品川客車区となった。このときに東京駅にあった東京機関区もこの地に移転している。

こうして田町~品川間の海側には広大な鉄道用地が生まれた。昭和61年（1986年）には客車区と機関区が統合されて東京運転区となり、分割民営化に際して品川運転所に変わり、合理化で車両の配置がなくなったりと、時代とともに規模は縮小する方向にあった。それでもこのエリアは長距離列車の拠点として日本の鉄道網の要であったといっていい。

高輪ゲートウェイ駅は、そうした鉄道の町に生まれる新駅なのだ。周辺の車両基地は少しずつ取っ払われて、グローバルゲートウェイ品川という名のついた再開発エリアとして生まれ変わる予定である。

近未来のターミナルが一足早く、幕末の高輪は海外との接点

高輪ゲートウェイ駅というと、やはり避けては通れないのは駅名問題であろう。個人的には別にこれについてあれこれ文句をつけるなんて実にくだらないと思っているのだが、なかったことにするわけにもいかない。

高輪ゲートウェイ駅という駅名に決まった経緯の詳細はネットでも見ていただくとして、その際の公募で上位に上がったのは高輪、芝浦、芝浜、新品川、泉岳寺といったところだ。例えば高輪などまさにこのエリアの陸側の地名そのものだし、芝浦は海側。芝浜は落語の題目として知られるが、このあたりの古い地名である。新品川はもともとこの駅が「品川新駅」という仮称を持っていたくらいだから納得できる。泉岳寺はもうそのまま、高輪ゲートウェイ駅のすぐ西には京浜と都営浅草

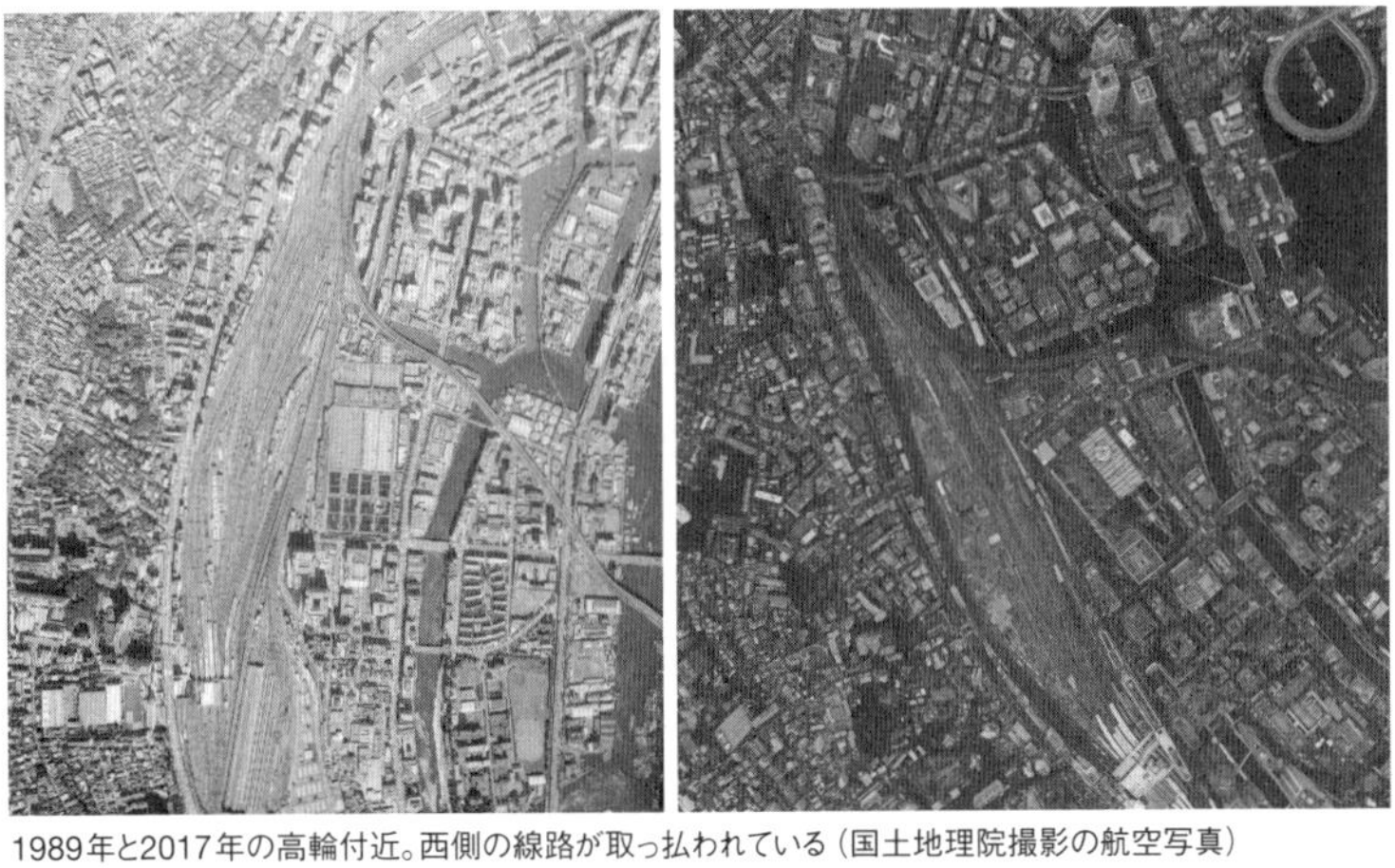

1989年と2017年の高輪付近。西側の線路が取っ払われている（国土地理院撮影の航空写真）

半世紀ぶりの新駅は最新技術の見本市。イメージは無人AI決済店舗（JR東日本提供）

線が接続している泉岳寺駅がある。ほとんど同じ場所に先行する私鉄の駅があるならそちらに敬意を払って駅名をいただくのもひとつの手であろう。

と、まあつまりどれをとってもそれなりに納得できるのである。にも拘わらず、ＪＲ東日本が手掛ける再開発地区の名称であるグローバルゲートウェイから名を取って高輪ゲートウェイとはいかにも手前味噌。それをしたり顔で発表されてもなんだかなぁ……と思う人の気持ちもわからないでもない。駅の近くに江戸の玄関口である高輪大木戸があったというのも、なんだか後付けの理由のように思えてくる。

でもだからといって公募上位の名ならいいのかというとケチの付けどころはいくらでもある。高輪はすでに高輪台とか白金高輪といった駅名に使われているし品川駅の西口はその名も高輪口。いらぬ混乱を招いてしまいそうだ。出入口名に変更を強いる様なことがあればそれこそ大混乱であろう。芝浦は鶴見線に新芝浦や海芝浦といった駅があってこちらも混乱するし、新品川はいかにもつまらない。

芝浜は落語から取っていかにも日本文化をうんぬんという人に好まれそうだが、これではどこにあるのかまったくピンとこないという人も少なからずいるだろう。駅名は場所をイメージしやすいことが何より大事である。泉岳寺はいちばんしっくり来るが、そもそも都営浅草線が泉岳寺駅を開業した時にその名をとった泉岳寺（四十七士の墓がある）から「勝手に名前を使うな」と訴えられている。触らぬ神（仏？）に祟りなしである。

このように、どの駅名も納得できるし粗もある。帯に短し襷に長しとでもいうべきか。

それにそもそも、駅名なんて気がつけば勝手に馴染んで誰も気にすることなんてなくなってしまうものなのだ。国鉄時代の〝国電〟をＪＲ東日本が〝Ｅ電〟と呼んで定着させようとしたエピソードを引き合いに出す向きもあろうが、それだって駅名とは根本的に違う。わざわざ言葉にする必要が少ないE電と、否が応でも目に入るし口にすることになるであろう駅名を同列に語るべきではないだろう。

結局、いくら文句をつけたところで開業から数年もすれば高輪ゲートウェイ駅はすっかり定着してしまうのだろうと思っている。まあ、多少駅名としては長すぎる気もするので、どんな略称で呼ばれるのかも気になるところである。

約半世紀ぶりの山手線の新駅である高輪ゲートウェイ駅は、山手線だけではなく京浜東北線も停まる。隣には東海道線も走っているが、停車するのは山手線と京浜東北線だけである。品川駅と同じように山手線と京浜東北線がそれぞれ別のホームを使っていて、対面乗り換えはできない。

実は、令和2年3月14日の高輪ゲートウェイ駅開業は暫定開業に過ぎない。駅としては電車が停まって使えるようになるが、あくまでもそれは〝仮〟の姿。本開業は件のグローバルゲートウェイ品川が開業する令和6年度（2024年度）だという。グローバルゲートウェイ品川とその中核の高輪ゲートウェイ駅は、新国立競技場でおなじみの隈研吾がデザインを担当するそうだ。立派な町ができるんでしょう……。

ということは、いくら華々しく「半世紀ぶりの新駅！」などといって開業しても、当初はとりたてて駅周辺になにかがあるわけでもなく、むしろ大都会の中の秘境駅のような趣きを持つことになるのではないか。これまで泉岳寺駅を使っている人たちにとってはありがたいかもしれないが、「高輪ゲートウェイ駅ができて便利になる！」と喜んでいる人はだいぶ少数派ではなかろうか（高輪ゲートウェイ駅から第一京浜に出て渡ったところにはアパホテル。関係者はきっと大喜びでしょうね）。

そうした事情はJRさんも充分見込んでいるようだ。その証拠に、高輪ゲートウェイはまるで新技術の〝実証実験の舞台〟である。例えばAIを活用した案内ロボットだとか、自律移動型の警備・清掃ロボットだとか、タッチしやすい自動改札機だとか、無人AI決済店舗だとかが導入されるという。開業当初はまだ駅周辺の町ができておらず利用者が少ないから、そうした状況を生かしてあらゆる新技術の実証実験をやってのけるつもりなのだろう。そう考えればなんだか近未来の駅のようで楽しみになってくる。〝ゲートウェイ〟には未来への扉というような意味も込められているのだ。

ちなみに、世界との接点という点でも高輪ゲートウェイ駅はゲートウェイ。いやいや、別に空港の玄関口でもなんでもないじゃないかと言われそうだが、歴史を見ると高輪の町は海外と日本の接点であった。

江戸時代の末期、海外への扉を開いた当時の日本において、各国の領事館などはほとんど高輪の町に置かれた。高輪には大きなお寺がいくつもあって、そこが外国の領事たちの宿泊施設になったのだ。アメリカの公使館こそ麻布の善福寺で少し離れていたが、イギリス・フランス・スイス・プロイセン（ドイツ）の公使館や宿所は高輪近辺の寺に置かれた。明治に入ると寺の間借りは解消されるが、そのときも高輪地区の規模の大きな大名屋敷跡を活用して多くの公使館が設けられる。今も高輪は各国の大使館が集まる町として知られているが、そのルーツは幕末にあったのである。

さすがに当時は今のように外国人を町のそこらじゅうで見かけるといったことはなかっただろうが、高輪ゲートウェイ駅付近から遠く母国につながる海を眺めた外国人もいたのではないか。そうした歴史に思いを馳せてみれば、高輪ゲートウェイ駅という名前も意外と悪くはないような気がしてくると思うのだが、いかがだろうか。

たかなわげーとうぇい

【所在地】 東京都港区港南
【構造】 地上駅
【開業】 令和２年（2020 年）３月 14 日
【接続路線】 京浜東北線
【山手線ホーム】 １番のりば（内回り）、２番のりば（外回り）
【1 日平均乗車人員】 ―

山手線歴史年表

年	月日	出来事
明治5(1872)	6月12日	官設鉄道(東海道線)品川～横浜間仮開業。**品川駅開業**
	10月14日	新橋～横浜間本開業
明治16(1883)	7月28日	日本鉄道上野～熊谷間開業。**上野駅開業**
明治18(1885)	3月1日	日本鉄道品川線品川～赤羽間開業。**渋谷駅・新宿駅開業**
	3月16日	**目黒駅・目白駅開業**
明治20(1887)	9月6日	のちのサッポロビール、日本麦酒醸造がヱビスビールの製造を開始
明治22(1889)	4月11日	新宿駅に甲武鉄道(中央線)が乗り入れ
明治23(1890)	11月1日	上野～秋葉原間に貨物専用線開通。**秋葉原駅(貨物専用)開業**
明治29(1896)	4月1日	**田端駅開業**
明治34(1901)	2月25日	**大崎駅・恵比寿駅(貨物専用)開業**
	8月8日	建設予定の日本鉄道豊島線(池袋～田端)間と品川線を統合、山手線に改称
明治35(1902)	5月10日	目白～板橋間に池袋信号場を開設。池袋駅のルーツ
明治36(1903)	4月1日	池袋～田端間が開業。**池袋駅・大塚駅・巣鴨駅開業**
明治38(1905)	4月1日	**日暮里駅開業**(日本鉄道の日暮里～三河島間開通に伴う)
明治39(1906)	9月23日	甲武鉄道**代々木駅開業**
	10月30日	**原宿駅開業**。恵比寿駅が旅客営業を開始
	11月1日	日本鉄道が国有化
明治40(1907)	8月11日	玉川電気鉄道多摩川線の渋谷駅が開業
明治42(1909)	10月12日	国鉄線路名称制定により赤羽～品川・池袋～田端が山手線に
	12月16日	品川～烏森間が開通。**烏森駅(のちの新橋駅)・浜松町駅・田町駅開業**。山手線電車運転開始、代々木駅に停車開始

年	月日	出来事
昭和4(1929)	12月16日	東京駅八重洲口開設
昭和5(1930)	11月14日	当時の総理大臣・濱口雄幸が東京駅にて暗殺される
昭和7(1932)	4月3日	上野駅の新駅舎(現駅舎)が完成
昭和8(1933)	4月1日	京浜電気鉄道(現在の京浜急行)の品川駅が開業
	8月1日	帝都電鉄渋谷線(京王井の頭線)の渋谷駅が開業
	11月1日	渋谷駅に東横百貨店が開業
昭和17(1942)	11月3日	品川客車操車場と東京機関区が品川に移転
昭和20(1945)	5月25日	空襲により東京駅や新宿駅などが被害を受ける。山手線全線が不通に(29日に運転再開)
	7月24日	京王の駅が新宿駅西口に移転
昭和27(1952)	6月18日	日暮里駅構内乗客転落事故
	3月25日	西武新宿駅開業
昭和31(1956)	11月19日	田端～田町間の線増工事が完成し、京浜東北線との分離運転が開始
昭和36(1961)	9月	カナリアイエローの101系がデビュー
昭和38(1963)	12月	うぐいす色の103系がデビュー
昭和39(1964)	5月18日	新宿駅東口駅舎(現駅舎)が完成
	9月17日	東京モノレールの浜松町駅が開業
	10月1日	東海道新幹線が開業。東京駅がそのターミナルに
昭和42(1967)	4月3日	品川電車区が大井の現在地に移転完成し、一部使用開始
昭和43(1968)	10月1日	10両編成運転を開始
昭和44(1969)	5月10日	東急玉川線(かつての玉電)が廃止される
昭和46(1971)	4月20日	**西日暮里駅開業**(千代田線西日暮里駅は昭和44年開業)
昭和52(1977)	4月7日	東急新玉川線(田園都市線)開業
昭和60(1985)	3月14日	東北新幹線が上野駅に乗り入れ
	3月25日	205系がデビュー

明治43（1910）	6月25日	高架鉄道の烏森～有楽町間が開通。**有楽町駅開業**
	9月15日	**高田馬場駅開業**。高架の有楽町～呉服橋間が開通
	11月15日	**駒込駅開業**
明治44（1911）	8月20日	王子電気軌道（都電荒川線）の大塚駅が開業
	10月15日	**五反田駅開業**
明治45（1912）	7月11日	**鶯谷駅開業**
大正3（1914）	5月1日	東上鉄道（東武東上線）の池袋駅が開業
	11月15日	**新大久保駅開業**
	12月20日	**東京駅開業**。烏森駅を新橋駅に改称。京浜線（京浜東北線）が運転開始
大正4（1915）	4月15日	武蔵野鉄道（西武池袋線）の池袋駅が開業
	5月1日	京王電気軌道（京王線）が新宿の甲州街道上に開業
大正8（1919）	3月1日	**神田駅開業**。中野～東京～品川～池袋～上野間の「〝の〟の字運転」開始
大正10（1921）	11月4日	当時の総理大臣・原敬が東京駅にて暗殺される
大正12（1923）	3月11日	目黒蒲田電鉄（東急目黒線）の目黒駅が開業
	9月1日	関東大震災。有楽町・新橋・浜松町・鶯谷駅舎が焼失
大正13（1924）	6月	原宿駅の木造駅舎が完成
大正14（1925）	3月28日	山手貨物線が完成
	4月26日	新宿駅の新駅舎（東口）が完成
	10月15日	原宿駅宮廷ホーム完成
	11月1日	神田～上野間の高架線が開通。秋葉原駅が旅客営業開始、**御徒町駅開業**、環状運転開始
昭和2（1927）	4月1日	小田原急行鉄道（小田急小田原線）の新宿駅が開業
	4月16日	西武鉄道（西武新宿線）の高田馬場駅が仮開業（翌年本開業）
	8月28日	東京横浜電鉄東横線（東急東横線）の渋谷駅が開業
	12月30日	東京地下鉄道（東京メトロ銀座線）上野駅開業
昭和3（1928）	6月17日	池上電気鉄道（東急池上線）の五反田駅が開業

昭和61（1986）	3月3日	埼京線が山手貨物線に乗り入れて延伸、新宿駅に停車
	11月1日	汐留駅（旧新橋駅）廃止
昭和62（1987）	4月1日	国鉄分割民営化によりJR東日本が発足
昭和63（1988）	3月13日	京浜東北線が日中の快速運転を開始
	6月26日	103系が山手線から引退
平成3（1991）	6月20日	東北新幹線が東京駅まで延伸
	12月1日	11両編成運転を開始
平成6（1994）	9月1日	サッポロビール工場の跡地に恵比寿ガーデンプレイス竣工
平成8（1996）	3月16日	埼京線新宿～恵比寿間延伸開業。渋谷駅と恵比寿駅に停車
平成10（1998）	11月1日	品川駅の東西自由通路が完成
平成13（2001）	12月1日	山手貨物線経由の湘南新宿ラインが運行開始
平成14（2002）	4月21日	E231系デビュー
	12月1日	埼京線が大崎駅へ延伸、りんかい線との相互直通運転を開始
平成15（2003）	10月1日	東海道新幹線品川駅が開業
平成16（2004）	6月1日	山手電車区（旧品川電車区）と大井工場が合併して東京総合車両センター発足
平成17（2005）	4月17日	205系が山手線から引退
	10月1日	エキュート品川開業。大宮駅に次ぐ2例目
平成22（2010）	6月26日	恵比寿駅でホームドアの使用を開始
平成24（2012）	10月1日	東京駅丸の内駅舎の復原工事が完成し全面開業
平成27（2015）	3月14日	上野東京ライン開通。上野発の定期寝台特急が消滅
	11月30日	E235系デビュー
令和2（2020）	1月20日	E231系が山手線から引退
	3月14日	**高輪ゲートウェイ駅開業**

おわりに

令和2年の春、山手線の駅はひとつ増えて30になる。総延長は34・5㎞。だから1㎞とちょっとのペースで駅が続いていることになる。1周ぐるりと回って約1時間。11両編成の電車がグルグルグルとメリーゴーランドの如く回り続ける。どの区間に乗っても（まあ城北エリアなど少し空席の目立つ区間もあるが）、空席はほとんどない満員の電車だ。こんな鉄道路線、日本どころか世界中を見渡してもないだろう。輸送量の目安になる平均通過人員を見ても、山手線は実に113万4963人（平成30年度）。これは正式な山手線区間である品川～新宿～田端間に限られるが、それでも平均通過人員が100万人を超えている路線など他にあろうはずもない。とうぜん、日本一である。

この日本一の鉄道路線、山手線の30駅を訪ねた。東京というひとつの町の中を走る路線の駅なのに、その30駅はどれも個性派ぞろい。最も利用者の多い世界一のターミナルである新宿駅は80万人近い乗車人員を超えていて、最も少ない鶯谷駅は2万人台。落差が大きいから鶯谷は過疎駅なんじゃないかと思ってしまうが、実際訪れてみれば思いのほかお客がいて驚く。大繁華街を抱えるターミナルの隣に猥雑な駅があり、閑静な住宅地の駅の次には下町風情の賑やかな駅。学生の姿が多い駅もあれば、スーツ姿のビジネスマンばかりの駅もある。

本書では品川から外回りで巡ったが、逆に内回りで巡るのもいいだろう。ふだん、山手線に乗って車窓を眺める人などそうはいないだろうが、だからこそ車窓に注目してみると思いがけない発見があるかもしれない。降りたことのない駅で降りて散策してみるもよし、車窓から気になったところに足を運んでみるもよし。運転本数の少ない地方ローカル線とは違い、次の電車もすぐに来るし駅の周りには必ずカフェやコンビニの類があるから、山手線の旅は案外楽ちんなのだ。

本書で取り上げた駅の様子は、あくまでも令和元年の末から令和2年のはじめの頃の姿である。東京の町の移り変わりは激しく、特に山手線の駅は東京オリンピックを控えて激変の只中にある。あくまでも、現時点での記録だと思っていただいて、各駅の移り変わりを見出す旅も悪くないだろう。

乗りたくて乗っている人などほとんどいないであろう山手線。だが、実際に乗って降りてを繰り返してみると、それなりに楽しい。本書を参考に、身近な鉄道ならではの旅をしていただければ幸いである。

鼠入昌史

主要参考文献

『日本国有鉄道百年史』(1969〜1974年、日本国有鉄道総裁室修史課 編、日本国有鉄道)
『渋谷駅100年史』(1985年、日本国有鉄道渋谷駅 編・刊)
『新宿駅100年のあゆみ』(1985年、日本国有鉄道新宿駅 編・刊)
『上野駅100年史』(1983年、日本国有鉄道上野駅 編・刊)
『品川区史 通史編 下巻』(1974年、品川区 編・刊)
『豊島区史　通史編　二』(1983年、豊島区史編纂委員会 編、豊島区)
『豊島区史　通史編　四』(1992年、豊島区史編纂委員会 編、豊島区)
『千代田区史　中巻』(1960年、千代田区 編・刊)
『千代田区史　下巻』(1960年、千代田区 編・刊)
『港区史　下巻』(1960年、港区 編・刊)
『東京の歴史　4　地帯編1』(2019年、池亨・櫻井良樹・陣内秀信・西木浩一・吉田伸之編、吉川弘文館)
『東京の歴史　5　地帯編2』(2019年、池亨・櫻井良樹・陣内秀信・西木浩一・吉田伸之編、吉川弘文館)
『東京の歴史　6　地帯編3』(2019年、池亨・櫻井良樹・陣内秀信・西木浩一・吉田伸之編、吉川弘文館)
『東京の歴史　7　地帯編4』(2019年、池亨・櫻井良樹・陣内秀信・西木浩一・吉田伸之編、吉川弘文館)
『新訂 江戸名所図会』(2009年、市古夏生・鈴木健一 校訂、筑摩書房)
『東京地名考　上』(1986年、朝日新聞社会部 編、朝日新聞社)
『東京地名考　下』(1986年、朝日新聞社会部 編、朝日新聞社)
『新版 大東京案内 上』(2001年、今和次郎 編纂、筑摩書房)
『新版 大東京案内 下』(2001年、今和次郎 編纂、筑摩書房)
『東京都市計画物語』(2001年、越澤明、筑摩書房)
『地図と愉しむ東京歴史散歩　地形篇』(2013年、竹内正浩、中央公論新社)
『東京のヤミ市』(2019年、松平誠、講談社)
『東京のナゾ研究所』(2019年、河尻定、日本経済新聞出版社)
『東京鉄道遺産』(2013年、小野田滋、講談社)
『駅の社会史』(2015年、原田勝正、中央公論新社)
『図説　駅の歴史』(2006年、交通博物館 編、河出書房新社)
『図説 街場の鉄道遺産 東京23区編』(2014年、松本典久 著、岡倉禎志 写真、セブン&アイ出版)
『ぐるり一周34.5km　JR山手線の謎』(2009年、松本典久、実業之日本社)
『山手線 駅と町の歴史探訪』(2016年、小林祐一、交通新聞社)
『山手線をゆく、大人の町歩き　鉄道、建築、歴史、食』(2018年、鈴木伸子、河出書房新社)
『銀幕の東京』(1999年、川本三郎、中央公論新社)
『幼年』(1990年、大岡昇平、講談社)
『激動　血ぬられた半生』(1998年、安藤昇、双葉社)
『地図と鉄道文書で読む私鉄の歩み　1　東急・小田急』(2014年、今尾恵介、白水社)
『しぶちか二十五周年誌』(1984年、渋谷地下商店街振興組合 編・刊)
『原宿』(1994年、穏田表参道町会 編・刊)
『鉄道と街・新宿駅』(1989年、三島富士夫・生方良雄、大正出版)
『オオクボ　都市の力　多文化都市のダイナミズム』(2008年、稲葉佳子、学芸出版社)
『東京最後の異界 鶯谷』(2013年、本橋信宏、宝島社)
『高架鉄道と東京駅 上・下』(2012年、小野田滋、交通新聞社)
『昭和八年　渋谷驛』(1995年、宮脇俊三、PHP研究所)
『東京駅の履歴書』(2012年、辻聡、交通新聞社)
『心のふるさと あゝ上野駅 ありがとう、18番ホーム』(2000年、読売新聞社会部 編、東洋書院)
『秋葉原は今』(2010年、三宅理一、芸術新聞社)
『上野駅物語』(1982年、塩田道夫、交通新聞社)
『進化する東京駅』(2012年、野崎哲夫、成山堂書店)
『新橋駅発掘 考古学からみた近代』(2004年、福田敏一、雄山閣)
『鉄道ピクトリアル』各号(電気車研究会)

著者プロフィール

鼠入昌史

1981年東京都生まれ。週刊誌・月刊誌などにあらゆるジャンルの記事を書き散らしつつ、鉄道関係の取材・執筆も継続的に行っている。阪神タイガースファンだが好きな私鉄は西武鉄道。好きな車両は乗り心地がいいというだけの理由でJR東日本E233系。著書に『特急・急行 トレインマーク図鑑』(双葉社)、『終着駅巡礼』(イカロス出版)など。

降りて、見て、歩いて、調べた

山手線30駅

2020年3月15日発行

著者 ―――――――――― 鼠入昌史
編集 ―――――――――― 大野達也
表紙デザイン ――――― 大久保毅（イカロス出版）
本文デザイン ――――― 大久保毅（イカロス出版）
発行人 ――――――――― 塩谷茂代
発行所 ――――――――― イカロス出版株式会社
〒162-8616
東京都新宿区市谷本村町2-3
［TEL］03-3267-2831（編集部）
03-3267-2766（販売部）
03-3267-2716（広告部）
［E-Mail］jmilitary@ikaros.co.jp
印刷 ―――――――――― 図書印刷株式会社